海と島の景観散歩

沖縄地図紀行

大木隆志 著

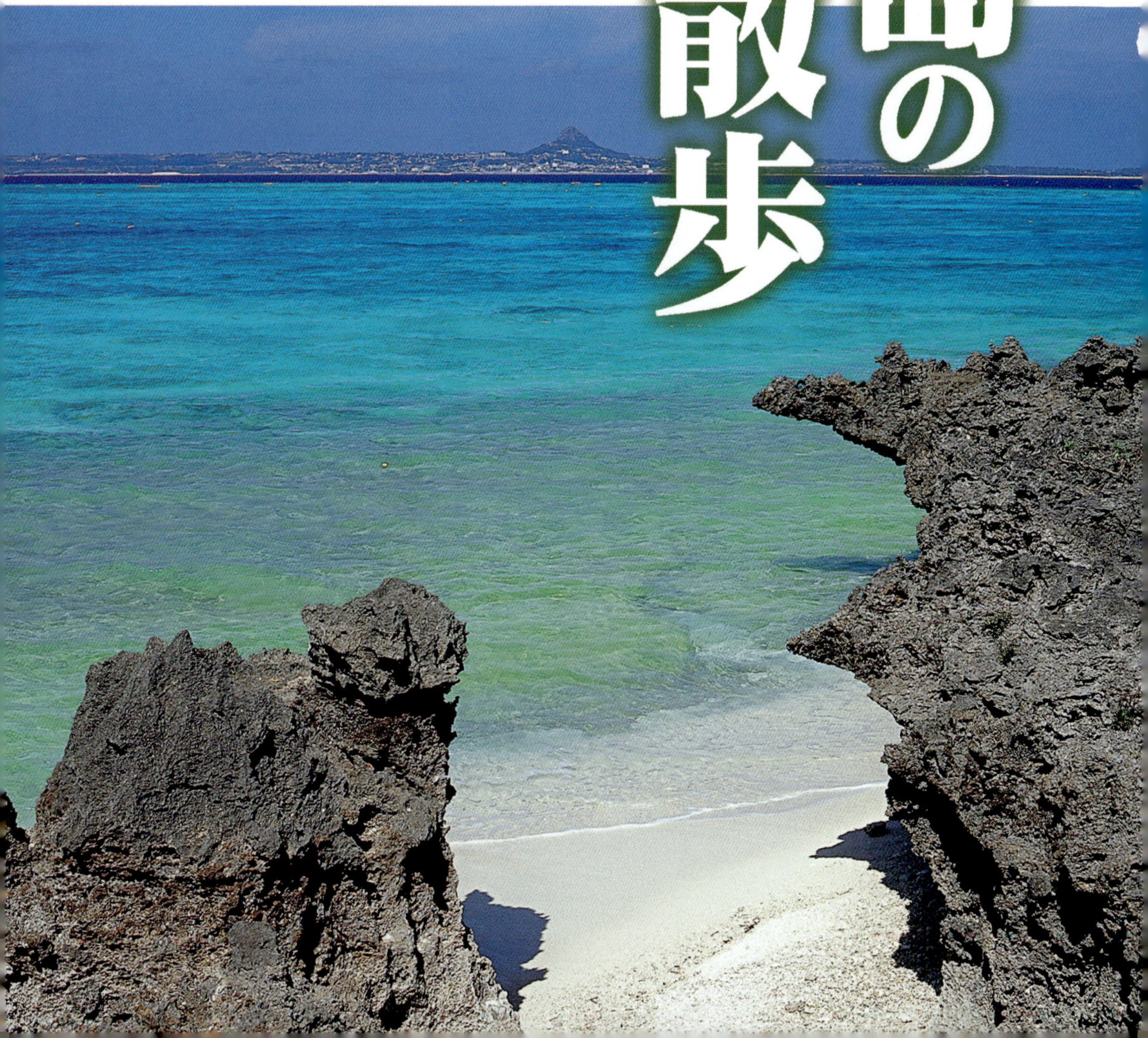

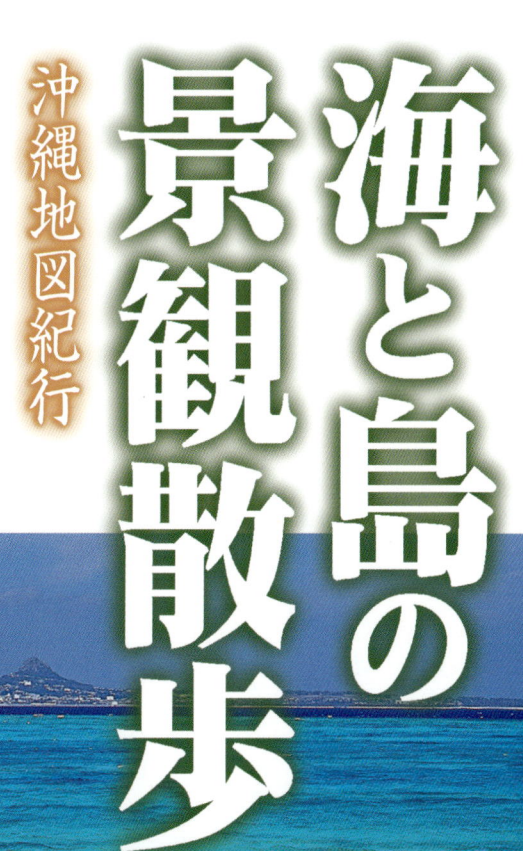

もくじ

※〈 〉内数字はカラー写真掲載ページ

・本書では漢字の方言読みにはカタカナでルビをふってあります。

表紙カバー・P4　全体図及び各章扉デザイン
ウィルデザインルーム

南西諸島全図

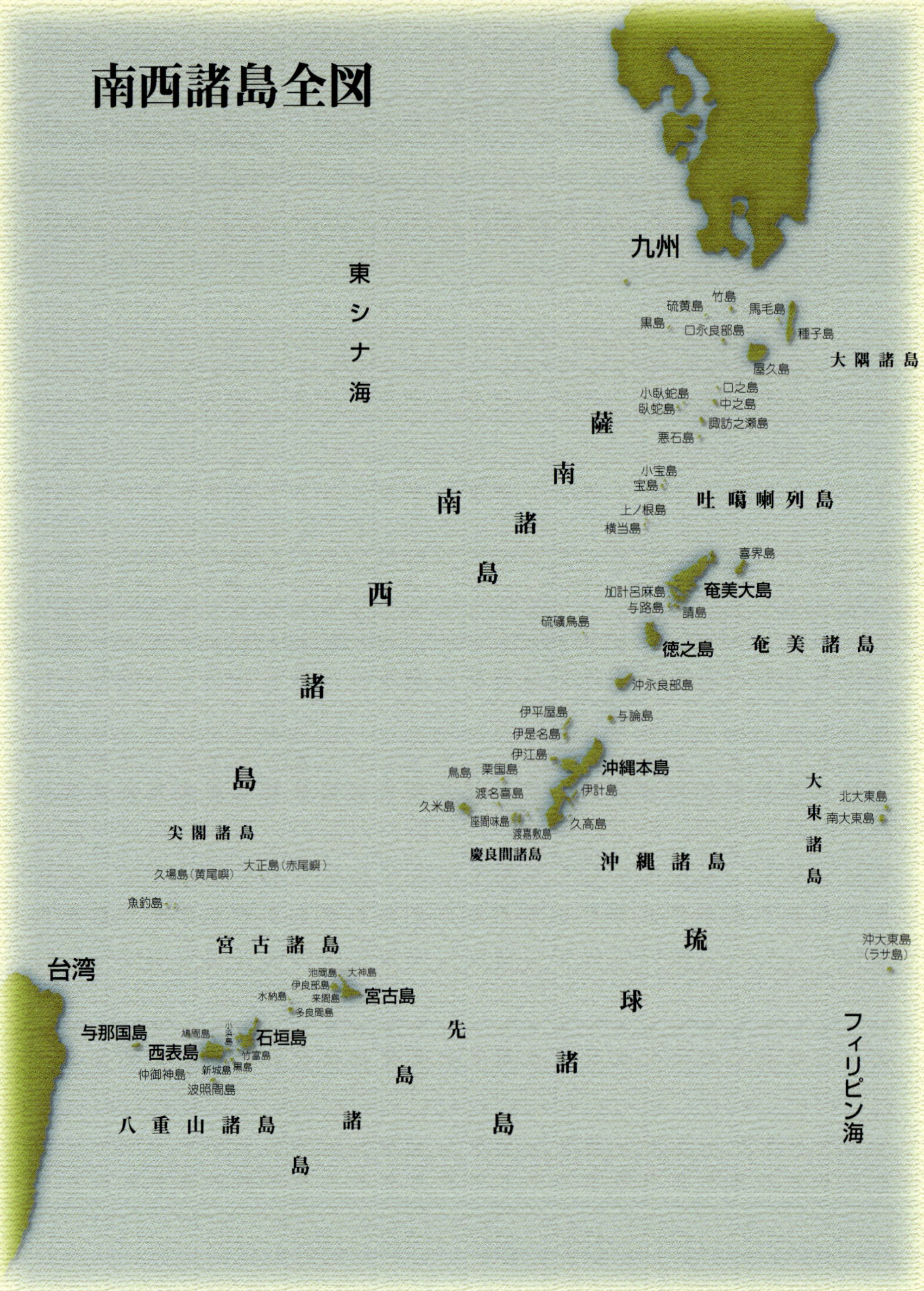

九州
東シナ海
竹島
硫黄島
馬毛島
黒島
口永良部島
種子島
屋久島
大隅諸島
口之島
小臥蛇島
中之島
臥蛇島
諏訪之瀬島
悪石島
薩南諸島
小宝島
宝島
吐噶喇列島
上ノ根島
横当島
南西諸島
喜界島
加計呂麻島
奄美大島
与路島
請島
硫礦鳥島
徳之島
奄美諸島
沖永良部島
伊平屋島
与論島
伊是名島
伊江島
沖縄本島
鳥島
粟国島
渡名喜島
伊計島
久米島
座間味島
久高島
渡嘉敷島
慶良間諸島
沖縄諸島
大東諸島
北大東島
南大東島
尖閣諸島
久場島（黄尾嶼）
大正島（赤尾嶼）
魚釣島
宮古諸島
琉球諸島
沖大東島
（ラサ島）
台湾
池間島
大神島
伊良部島
水納島
来間島
宮古島
多良間島
先島諸島
与那国島
鳩間島
小浜島
石垣島
西表島
竹富島
黒島
新城島
仲御神島
波照間島
八重山諸島
フィリピン海

I 沖縄諸島①

荒波とたたかう双子火山

グスク山・硫黄岳（硫黄鳥島）

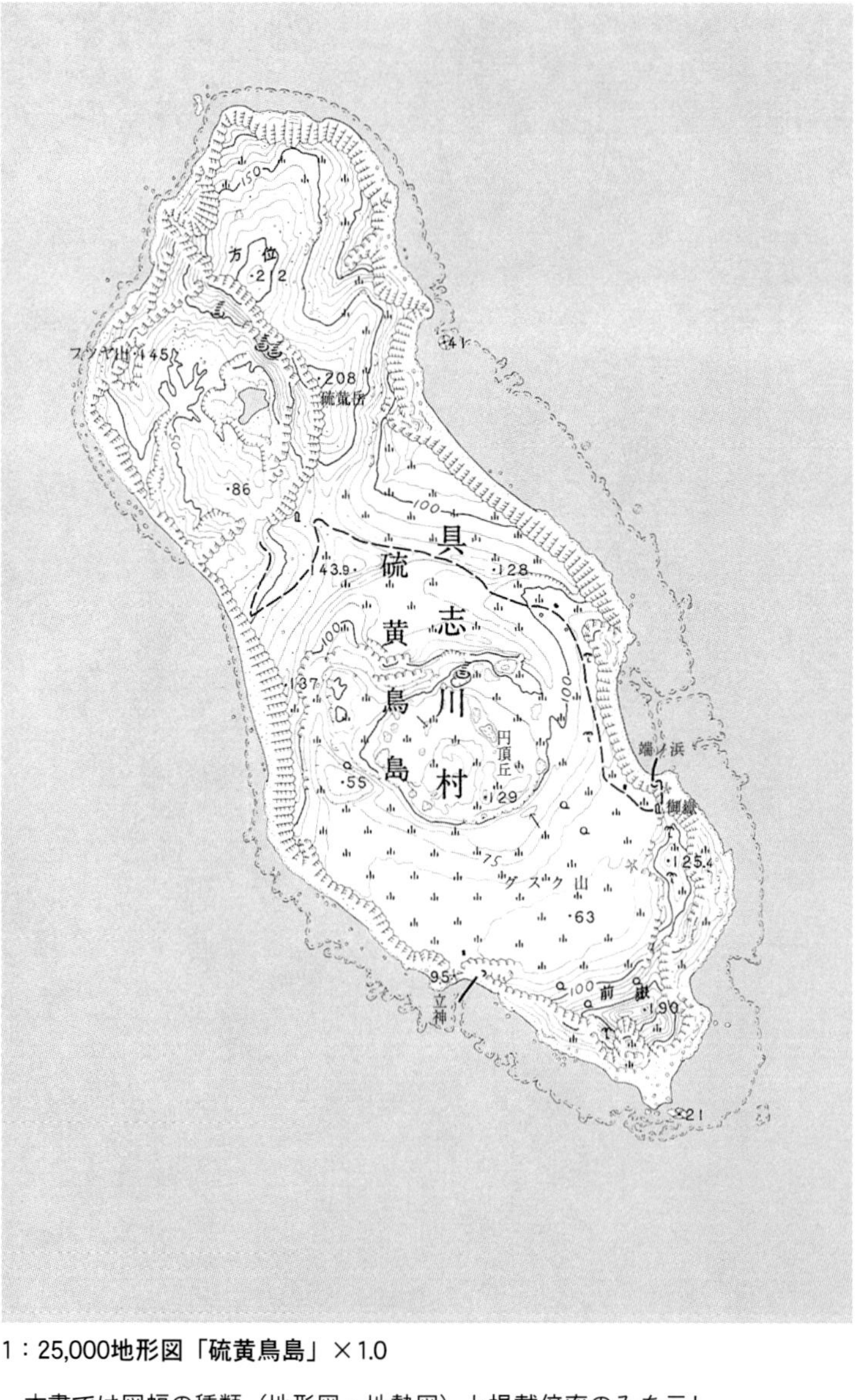

1：25,000地形図「**硫黄鳥島**」×1.0

本書では図幅の種類（地形図・地勢図）と掲載倍率のみを示し、スケールを省略している。上の場合、図上の４cmが１kmである。

東岸から島を仰ぐ

硫黄鳥島はその名からもわかるように、かつては琉球国の硫黄の貴重な産地であった。

島が歴史記録に登場するのは察《さっ》度《と》王《おう》の時代、文中元（一三七二）年のことといわれるが、これは琉球王国が中国（明）と貿易を始めた時期と一致する。

硫黄は古くから中国への重要な貢物だったのだ。その上納高は、当時の度量衡で二万斤《きん》（一二トン）あまりに達した。

採掘は藩政時代から明治に入っても続き、島の人口は最盛期には一〇〇〇人近くに達していた。昭和に入ると採掘のための国策会社もできた。島には学校や診療所、役場などもあった。

しかし一方では、ベイジル・ホールの航海時代から「常に白煙を吐く活火山島」として恐れられていた事からもわかるように、四六時中、噴火の危険が絶えない島でもあった。

道光九（一八二九）年の大爆発の際には住民の島外避難があり、その後も噴火のたびに、久米島などへの避難を余儀なくされた。

そして、昭和三四年の大噴火の危険で全島民が島を離れたのを最後に、無人島と化したのである。

島は北緯二七度五四分、東経一二八度一五分という、とんでもない位置にある。沖縄本島からは、北端の辺戸岬からでも北へ一〇〇キロ以上離れ、久米島からはさらに遠く（島は、島尻郡具志川村※に属している）、二〇〇キロ以上の距離があるが、奄美諸島の徳之島からは、西へ六五キロと比較的近い。

このため徳之島西岸の平土野《へとの》港から船をチャーターすると、船足にもよるが、片道三時間程度で島を訪れることができる。

島の東岸は、東シナ海の荒波がグスク山の横腹を削って造った、凄まじい断崖だ。

しかも端ノ浜の突堤は、四〇年の歳月を経てボロボロに朽ち果てており、そこへ導く水路も著しく狭く浅いため、そのまま上陸はできない。

断崖を眼の前にして波に揺られること二〇分ばかり。ササの葉のような小さな

※二〇〇二年四月、仲里村と具志川村が合併したため、現在は久米島町となっている。

艀《はしけ》に乗り換えて、円礫《えんれき》のゴロゴロと転がる浜にようやくのことで降り立つと、今度は六〇メートル上のグスク山上部の平坦面まで、崖の途中にところどころ踏み跡がついているだけの、きわめて危なっかしい急斜面の直登が待っているのだ。

その急斜面の取りつきには、赤褐色の地肌をむき出しにした垂直に近い形の岩峰が、島の門柱のようにそそり立って、崖に取りつこうとする一同を見下ろしていた。

崖をおっかなびっくりで登りつめると、ようやく台地面の入口。左手の叢《くさむら》の中に、三段重ねの四角い台座の上に小さな石(御神体の代わりか?)を載せた、イケドン御嶽《ウタキ》という御嶽があって、ここが沖縄最北の島であることを思い起こさせる。

道はガクガクの稜線を空に描く前嶽の、屏風のような山峰を、左手の草原のかなたに望み見ながら、北へ延びていく。行く手には、溶岩円頂丘《えんちょうきゅう》(溶岩塊でできているドーム状の山)であることが素人にも歴然とわかる岩山が、風格たっぷりに盛り上がっている。

前者は両側が海に削られてしまったために高く突出して見えている(外側の)外輪山の高まり。後者はグスク山の最後の活動で成長した中央火口丘《かこうきゅう》なのだ(この構造から、グスク山は三重式火山といわれる)。

内側の外輪山は、ここでは中央火口丘のすぐ東側をきれいに取りまいて見えている。道をはずしてその高まりに登ると、南方の火口原《かこうげん》(火口底の平坦面)と前嶽の見晴らしはより格別だ。灌木《かんぼく》の原がいちめんに拡がる北の方角には、明るいレンガ色の山肌をあらわにした硫黄岳も印象的に見えている。

集落は中央火口丘の南側(今歩いてきた道の左手のほう)にあったということだが、今はもうタダの草っ原にしか見えない。そのかわり、小道にもどってさらに北へ歩いていくと、昔、雨水を溜めるのに使っていたらしい水槽や、今はコンクリート壁だけになってしまっている廃屋の跡や、硫黄を運搬するために敷設されていたトロッコ軌道のレールの束などが見つかったりして、当時の営みを偲ばせる。

硫黄岳はベイジル・ホールの言う通り、乳白色の水をとろりと湛えた火口底のあちこちから、今も噴気を吹き上げている生きた山だった。ここにもちょうど向こう側に、フツヤ山とよばれる溶岩円頂丘の岩峰があって、まわりと較べて著しく黒っぽい煙突のような形が不気味に目立つが、火口の西側半分近くが海に削られて、向こう側が素通しになってしまっているので、ここではまるで火口壁を突き破って成長した岩峰のように見える。

それを見ながらの山頂までの最後の登りは、ここでも足元をすくわれそうな危なっかしいガレキの坂。ふと気がつくと、山腹の東側の灌木の原の上で、五〜六頭のヤギたちが黙々と草を喰《は》んでいた。

断崖の登り

船は行く
海のかなたの　断崖の
過ぎゆく時に　なにかを想って
船は行く
崩落の坩堝と化した　岩山の
憂いの果てに　なにかを感じて
船は行く
天を突きさす　立神の
空虚の底に　なにかを見つめて
空は青く　海はなごみ
ここは　ひとかけらの　喧騒も
猥雑も　とどかない
天空の　高みにのぼる
至福の　きらめき
島はいま　野生ヤギの楽園

島を訪れるに際しては、濱元尚哉氏をはじめとする具志川村役場の方々、硫黄鳥島調査団の方々にお世話になった。厚く感謝したい。

海ギタラ・陸ギタラの立つ崖と海

城崎（伊是名島）

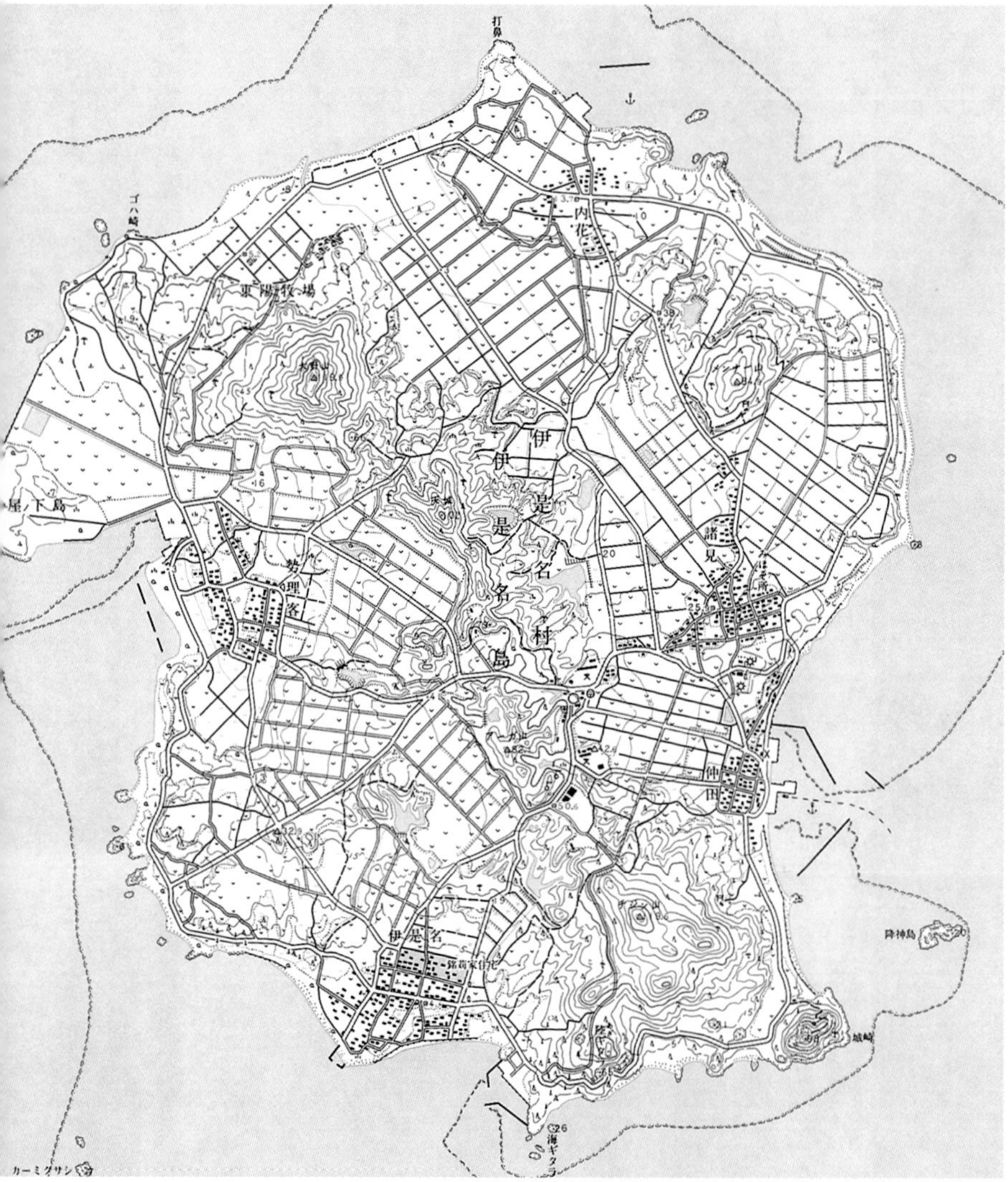

1：25,000地形図「伊是名島」×0.65

伊是名・伊平屋の両島は、本部半島のはるか北。緯度の上ではちょうど、辺戸岬と与論島の中間あたりに位置している。伊平屋島が槍のように細長い形をしているのに対して、伊是名島は小ぢんまりとまとまった歪《いびつ》な五角形、という際立った違いはあるにせよ、どちらも本島から見ると、このへんの島としては珍しく、山や峰がたくさん並んでギザギザの輪郭に見える。

その島の形が、何となく山原《ヤンバル》あたりの山地に似ていることを連想させた。

船は本部半島北岸の運天港から出る。その船の乗り場が、古宇利島へ行く船の出る運天港とは違っていて、したがってバス停留所も別々なのには惑わされたが、ともかくもその運天港から伊是名行きの船に乗り、仲田港で降りた。

仲田にある神アシャゲ（神を迎えて祭《さい》祀《し》を行う場所）をまず簡単に見たあと、島の東岸をまっすぐ南下する道を城崎《ぐすくざき》へ向かって歩いていった。

集落を出たところで、突然雨に襲われる。すでに五月に入っていて、この時期の沖縄は梅雨のはしりなので、天気がままならない。さっきまで陽射しが照りつけていたと思うと、急に大粒の雨が降ってくる。

島では何度か雨が降ったらしく、道のいたるところに大きな水溜まりができていた。

その水溜まりをいくつも避けながら、村外れから五〇〇メートルも歩くと雨が上がり、道端のパパイア畑のかなたに城崎の頭の部分が見えてきた。

両肩をいからせながら、太い首を天高く持ち上げたような形の、高さが九八メートルもある大岩峰——さっき船の上から見た時は、この山はきわめて美しい円《えん》錐形《すいけい》をしていてひときわ目立ったのだが、それがウソのような岩峰だ。

正面真下から見上げると、それはいっそう峨々と聳《そび》えている岩峰で、むき出しになった灰色のガサガサの岩が、異様な輪郭にさらなる凄みを加える岩山だった。

城崎という名と、地図の城跡の記号からわかるように、これは伊是名グスクとも呼ばれている山城で、正面のところから突きあたりの石段を上がってアーチ型の山門をくぐると、すぐ右手に巨大な石の構造物がある。誰かが参拝していったのか、そこでは線香の煙がたちこめていた。

　これは尚円王の親族が眠る、伊是名玉《いぜなたま》御殿《うどうん》と呼ばれる墓陵。伊是名島は琉球王国の第二尚氏《しょうし》王統《おうとう》を築いた尚円王《しょうえんおう》ゆかりの地で、諸見にある「みほそ所」というのは、彼が生まれた時にへそつぎ（へその緒を切ること）をした聖地なのである。

　山そのものがグスクなので、そこから上は郭《くるわ》や石垣があるだけのようだったが、それはどうでもいい。この山城（岬）の面白さは、山道を上がっていった先で開ける海と島のパノラマにあるのだ。

　北側は、左手前をさえぎる城崎の山腹の一部、すなわち森を載せた斜め四五度の崖錐《がいすい》斜面の向こうに、丸みを帯びたピークをボコボコと重ねるチジン山山群。それの右肩に島の北西部に聳える大野山。右手にはいま歩いてきた道と、その向こうにちりばめられた仲田と諸見の家々。これがパノラマの左半分。

　右半分は白砂の浜に縁取られた浅いサンゴ礁の海と、伊平屋島の大陸のように見える長く大きな山なみ。

　一方の南は、テッポウユリの群れ咲く緑の断崖となっていて、本部半島と本島北部の山原の山なみが、雲の列を棚引かせながらも辺戸岬まではるばると見渡される。

　右手の断崖の影には、屋那覇島の礁の外縁の白波の輪がチラと覗き、その向こうには伊江島も小さく見えていた。

　そしてこの南向きの崖では、山そのものを造っている岩の表情も、また見逃せない。表面にトゲのような突起を一斉に発達させている部分があるかと思うと、グニャグニャに褶曲《しゅうきょく》した地層が現れている部分があったりする。

　さらに下のほうでは、鮮やかなアズキ色に染まった岩棚《いわだな》が、表面に独特の筋目模様を描きながら、海へ向かってなだれ落ちていく部分があるのが眼に止まった。

　地質の専門家でなくても勘《かん》のいい人ならすぐわかるように、これは放散虫《ほうさんちゅう》という海の生物の遺骸《いがい》（殻《から》）が深海底で堆積《たいせき》

陸ギタラ

してできた、チャートという堆積岩なのである。この岩は緻密《ちみつ》で硬く、風化されにくいという特徴があるので、海ぎわに高く突出する岩山ができたのだ。

この付近の海岸にはさらに、陸ギタラ、海ギタラという有名な岩のオブジェがある。

城崎の麓からさっきの道の続きを道なりに西へ進み、小さな岬の先端から西側の海岸を望むと、水平線のあたりに延び出している岩堤《がんてい》の基部と先端に、大小二つの高い岩塔が相並んで立っている。それが陸ギタラ、海ギタラなのだ（ギタラは切り立った岩山の意）。

この二つの岩塔も、やはりチャートでできている。じつはチジン山を含めたこの一帯は、山も岬も岩礁も丸ごとチャートなのだ（伊是名島のイゼナはイシナゴすなわち砂礫《されき》で、地学的には山裾に段丘《だんきゅう》砂礫層がよく発達することが一番の見どころとされている。しかし景観散歩を楽しみたい向きには、このチャートの岩の造形が面白い）。

陸ギタラ、海ギタラのあたりから見ると、城崎は船から見たのと同じく、見事な円錐形をなしている。さらにチジン山には、山懐《やまふところ》に分け入る遊歩道がついている。

それを歩いたり、まわりの海や景観の変化を楽しみながら仲田への峠道を越えていくのがまた面白かった。

架橋途上の小さな離島

村内・下原・上原（古宇利島）

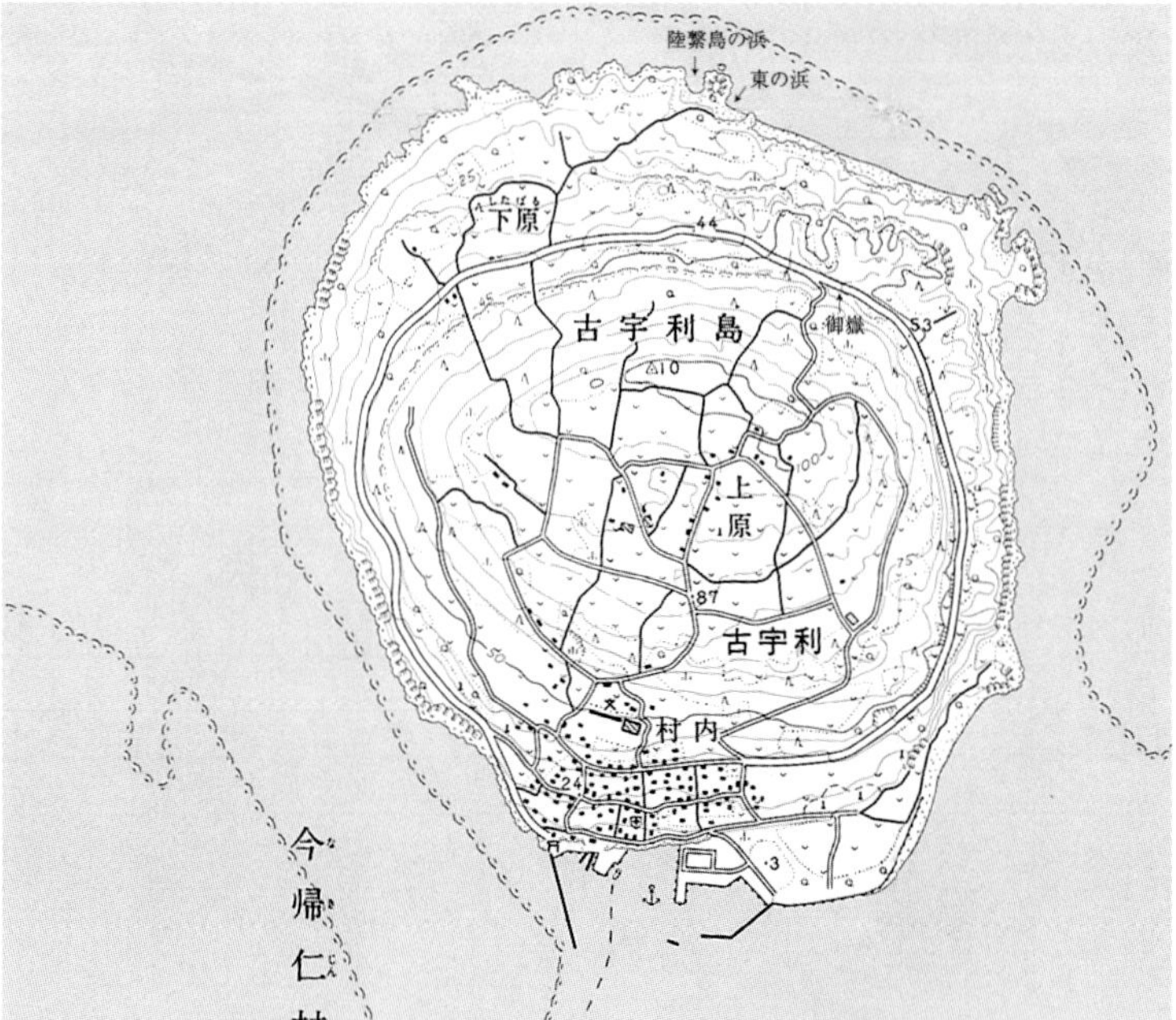

1：25,000地形図「大宜味」×0.85

一周道路より屋我地島と本部半島

本島北部の大宜味村あたりの海岸から見ても、また飛行機から眺め下ろしても、古宇利島はよく目立つ島だ。

一つは平らで愛嬌のある丸い形。もう一つは、島を取りまく階段状の地形。

階段状の地形は船から見てもよくわかるが、地図で見るともっとよくわかる。いちばん広くて高いのは、上原の集落を載せる一〇〇メートル前後の面（地図の一〇メートル三角点は誤り）だが、たとえば地図上で、「古宇利島」の文字をのせて北へ緩やかに傾く斜面の外側（高度約五〇メートル）と、一周道路をのせる幅のせまい平らな面の外側（同約三〇メートル）に、緩やかな弧を描く岩の崖の記号がある。そして海岸にも海食崖《かいしょくがい》の崖があって、外側はサンゴ礁の海だから、大雑把に見れば、島はまわりを三重に取りまく段丘の段丘崖《がい》（階段状の崖）で縁取られているわけである。

一般の観光客にはほとんど知られていない、影の薄い島。しかし村内から北へ、この段丘崖を登っていけば、見事な階段型を描く島の形がよく実感できるに違いない。一周道路を歩けば、段丘面や海の眺めと沖縄本島の見晴らしがさぞよさそうだ。

まっすぐ坂を上がって上原の集落まで行こうと思ったのだが、小学校の建物が崖をいっぱいに塞いでいるのを見たら気が変わって、一周道路を東へ歩いていった。

集落を出外《ではず》れると、まず南方の海の眺めが開ける。道ばたの段丘面は、アロエの畑とサトウキビ畑と一群の破風墓《はふばか》。遠くからでもそれとわかるモクマオウの海ぎわの並木の向こうに、本島北部の名護岳から多野岳あたりの山なみがうっすらと見えている。逆光に光る海と空の間に穏やかな表情ではさまっているのが印象的だ。

海と山の間にはさまり込んでいる一群の黒い陸地と岩のシルエットは、屋我地島とそのまわりの離れ岩群に違いない。そしてその右手では、造りかけの橋のような細長い構造物が、こちらへ向かって海を渡ってきているのが見えた。じつは今、二〇〇二年の完成を目指して、古宇利島に橋を架ける工事が進められているのである。

道は上の段丘崖を覆う森をすぐ左手に見ながら方角を北へ変えて、島の東部をまわっていく。

はるか下のほうに時折開ける段丘面と、休みなく拡がる海。海の上には、沖のほうへ出ていく船も見えて、見晴らしは相変わらずいいのだが、秋というのに強烈な陽ざしが右上からギラギラと照りつけて、真夏のように暑い。対岸の山地には適当に雲がかかっているのに、こちらは雲一つない快晴なのだ。

その暑さを救ってくれたのは、島の北側へまわりかけたところにあった、「プトウキヌメーエ」という名の小さな御嶽だった。

大小無数の鍾乳石《しょうにゅうせき》をたくさん垂らした、一見して石灰岩とわかる白っぽい岩体が、道から数メートル上がったところのヤブの中にあって、それが洞窟のような浅い窪みを造っている。

その天井から、短いお供え紙のようなものを一本クニャリと垂らしただけの、何とも素朴な御嶽――もし歩いていなかったら、そして入口の小さな看板に気づかなかったら、知らずに通り過ぎてしまったであろう天からの贈り物だ。

なかでも特大に太いツララ石の下に、これまた太い化け物のような形の石筍《せきじゅん》が、観音のようにつっ立って、こっちに顔を向けているのがいかにも不気味だった。

それはともかく、ここにこんな岩体があるということは、島がかなり上のほうまで石灰岩でできているということだ。ここは鳥島や伊是名島とは違って、平らな段丘や低地だけでできている島――島の大部分が、いわゆる隆起《りゅうき》サンゴ礁でできているか、または覆われていることの一つの証だった。

この御嶽の西で、道は左手に続く高い段丘崖の森から少し離れて、広々とした耕作地（下から二段目の段丘面）の真ん中を行くようになる。暑さに耐えかねて、涼を取ろうと下原の集落にさしかかる手前で北の海岸へ降りていく小道をたどる。

前方は手前のサンゴ礁の白波が眼にまぶしいほどの藍色の海。そして行きつい

村内にて

た先は、両翼をゴツゴツとした離水《りすい》サンゴ礁の岩場で守られた、小さなポケットビーチであった。

浜に立って、紙屑一つ落ちていないその美しいビーチをぐるりと見渡す。右手から差し出す岩場は左手とは違って、もともと海中にあった岩が、砂の帯で浜と繋がった陸繋島《りくけいとう》となっている。どの岩も、島を取りまくサンゴ礁がほんのわずか隆起または離水してできた、琉球石灰岩と呼ばれる新しい石灰岩なのだ。

東隣にあるもっと広い浜では、今度は王冠のような形をした岩がはるか先の海中にあって、それが風景のアクセントとなっている。サンゴ礁の内海（ラグーン）の透き通るような水の色が、こちらでは何ともいえない涼を誘う。

その涼しさにしばし身を委ねてからふたたび西側の浜へ戻ったら、漁師のおじさんが見事な獲物——巨大なタコをぶらさげて海のほうから上がってきたので、すかさずシャッターを切る。

「すぐ見れるかい？」と言うので、「いや残念ながらだめです」と言ったら、おじさんはタコを籠《かご》に入れて、丘のほうへ上がっていってしまった。

来た道をもどり、下原の集落の手前から海側に立つ小さな灯台をふり返りながら、段丘崖を登っていく。それはセンダングサの咲き乱れる、森の中の道。

森を抜けるとそこから先は上原の集落を載せる一番上の段丘面。段丘面には紅イモの畑が多い。今が収穫期で、農家の人が一家総出で働いていた。

小さな島にいることを忘れさせるほどの、広闊な段丘面。家々は、はるか先のほう。それも二本ぐらいのメインストリートに沿って、数えるほどしかない。しかし、庭先の花が美しい。

その比較的人家の多い道を北から南へ縦断し、ふたたび開けてきた海と沖縄本島の見晴らしを高い位置から楽しみながら、段丘を一段また一段と降りて、村内へ下っていった。

湧出を見おろす

岩峰の立つ本部沖の麗島

城山（伊江島）

伊江島も島の大部分が海抜八〇メートル以下の低い段丘でできている。いちばん上の広い段丘面のまわりを、いくつかの低い段丘が取りまいていることも、段丘が琉球石灰岩でできていることも古宇利島と同じである。

だがこの島では、その広い段丘面の東寄りのところに、周囲の平坦さを突き破るような極端に高い岩峰がそそり立っていて、その点が古宇利島とは大きくちがう——島のシンボルとして知られる城山《ぐすくやま》もしくは伊江島タッチューと呼ばれている山である。

沖縄では知らない人はまずいない、と言っていいほど有名な山、島随一の景勝地となっている山だが、伊江島ではやはりこれを無視するわけにはいかない。

だがしかし、島の入口である伊江港から城山まではたった一・五キロしかない。ただ行って登るだけでは時間があまりすぎる。島には沖縄戦の史跡や考古学遺跡もあるのだが、そういうのはお呼びでない。そこでタクシーを走らせて、まず島の北側にあるワジを見に行った。

ワジとは湧出《わじ》、すなわち湧水《ゆうすい》で、伊江島のような隆起サンゴ礁の島では、石灰岩層の下から水が湧き出しているところをさす。石灰岩は多孔質《たこうしつ》で水を通しやすいので、降った雨は川をつくらずに地下の岩層《がんそう》へしみこんでいってしまう。このため崖の基部などに水を通さない別の地層（不透水層《ふとうすいそう》）や基盤の岩石（ということはつまり、サンゴ礁が堆積するときに土台になっていた岩石）が露出していたりすると、上の石灰岩層との境から水が湧き出す、というわけである。

ワジは海岸の崖下にあるらしいので、きっとそれに違いない、と思って行ってみたところが、ダメだった。

たしかに水の流れは見えた。しかし肝心の湧き出し口は鍵のかかった集水施設に隠されていて入れず、波打ちぎわの湧出部分も護岸構造物で固められていて味気なく、お話にならなかったのだ。

しかしここは海の荒波がその石灰岩層や基盤岩を容赦なく削って、六〇メートルもの断崖をそそり立たせているところ。そのためここは、両翼の部分と較べても

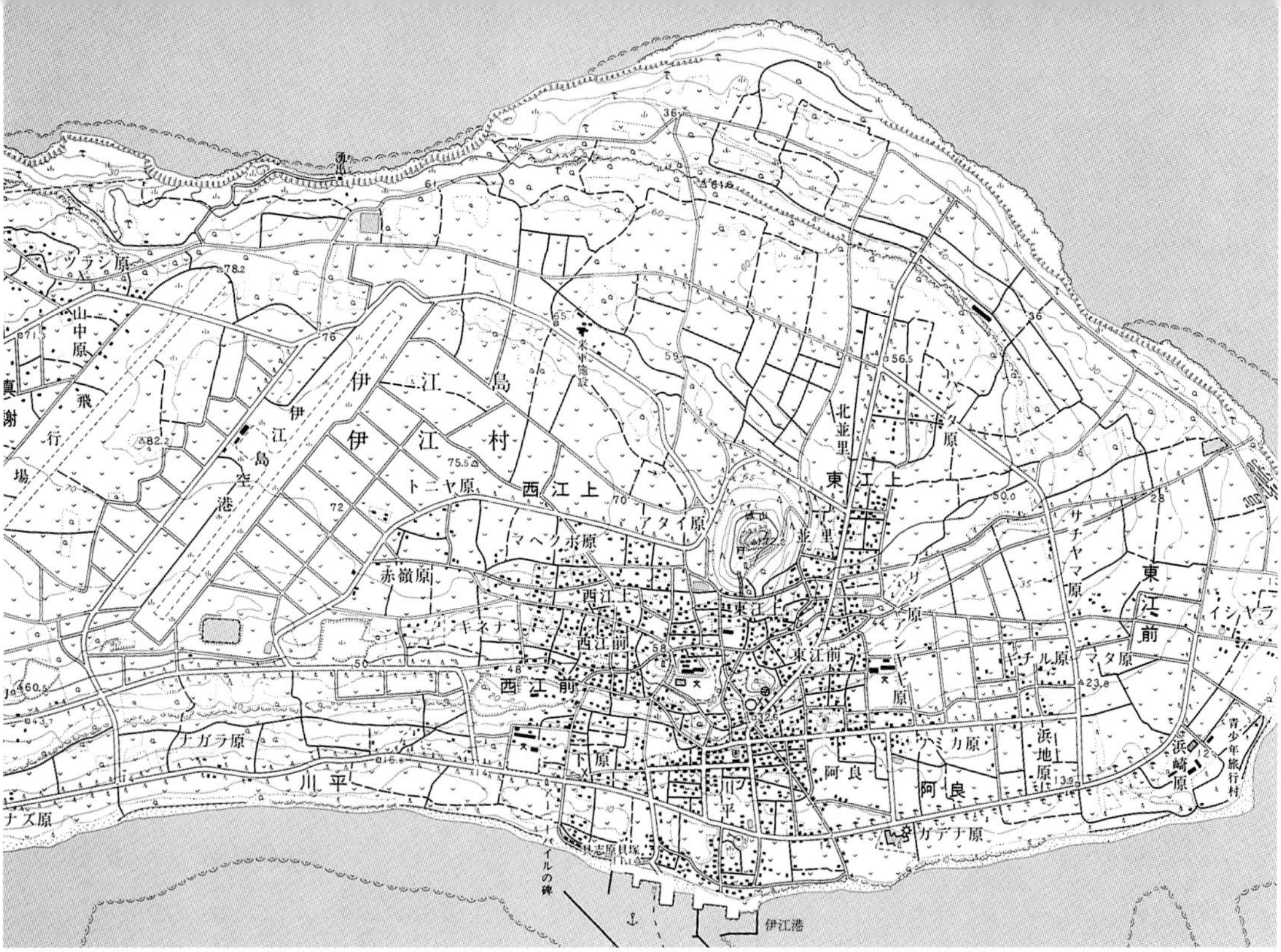

1：25,000地形図「伊江島」×0.7

極端に切り立っているばかりか、五〇〇メートル以上も後ろへ後退してしまっているのである。

ワジと断崖を結ぶ道路のすぐ下には、家ほども大きさのある岩塊が崖裾を累々と埋めていた。波に侵食される度に、その破壊力に負けて落下してきた岩盤が、そのサイズの転石《てんせき》となって海ぎわを塞いでしまっているのである。そして崖はこれからも、止まることを知らない侵食によって、島そのものを削り尽くすまで後退していくのだ。

その崖を直上から見下ろせる場所がここにはある。その展望地点からの眺めもまたスゴい。それをしばらく堪能してから、島の北部に坦々と広がる畑地を歩いて城山をめざす。

展望台から城山へ行く途中には、米軍の基地がある。少し行くと城山を見晴らすイモ畑のかなたにそれらしい高いアンテナと白い建物が見えた。建物の前で翻っている日の丸と星条旗のヒラヒラが人を手招きしているように見え、足のほうが勝手にそっちへ行ってしまう。この道

城山より北東望

筋から見る城山は全部が森に覆われ、全体的に丸みを帯びていて、左肩に小さなコブを突き出していた。

城山への登り道は南側と東側にあるのだが、アタイ原から先は並里、東江上へと、山麓を時計周りにまわっていく。そしてそれとともに、山は著しくその形を変えていった――。

北から見ると一層幅が拡がって、潰《つぶ》れた桃のようになる山は、北東側へまわると逆に今度は、研ぎ澄まされた鉛筆の先のようにその山体を尖らせていく。

そして並里からはそのピークがふたたび横に拡がるとともに拡がり過ぎてタテに割れ、樹木も崖から剥がれ落ちて、天を突き刺す岩山の様相となる。じつはこれも伊是名島の城崎と同じく、チャートでできた岩峰なのである。

その岩峰を直登する道は、中腹の神社の裏手から西側の斜面を上がっていっていた。直登といっても、子供でも難なく登れるよう階段がついているのだ。ものの五分も登ると森が切れて、海の展望が開けてくる。そして山頂では三六〇度の大パノラマが待っていた。

島は地平のかなたまで、およそサトウキビ畑とマージ（赤土）の大平原。白や灰色を基調とする家々と緑の木立が、その上に無数に散らばっている。遠くへ行くにつれて逆光に霞んでいく西の地平に対して、東から南は島を縁どるサンゴ礁のエメラルドの帯の外側に、青い海といくつもの島々が見える。

その中で圧倒的な大きさを誇るのは、東の方角に横たわる本部半島だ。その左端の長く尖った備瀬崎からさらに奥へと続く海岸線の向こうには、古宇利島もうっすらと見えている。

だがここは、海と島の真っ直中に立つ、比高一七二メートルの吹きさらし。帽子を飛ばされそうなスゴい風。これさえなければいつまでも山頂に止まっていたかったのだが…。

帰りは山を南へ降りて、港までまっすぐ下る。南西の麓の溜池からふり返って仰ぐ城山は、右肩が急角度で切れ落ち、ナイフの刃のような岩峰を青空の中に突き立てる印象的な山だった。

クロワッサンの島の半日散歩

外浜と内湾（水納島）

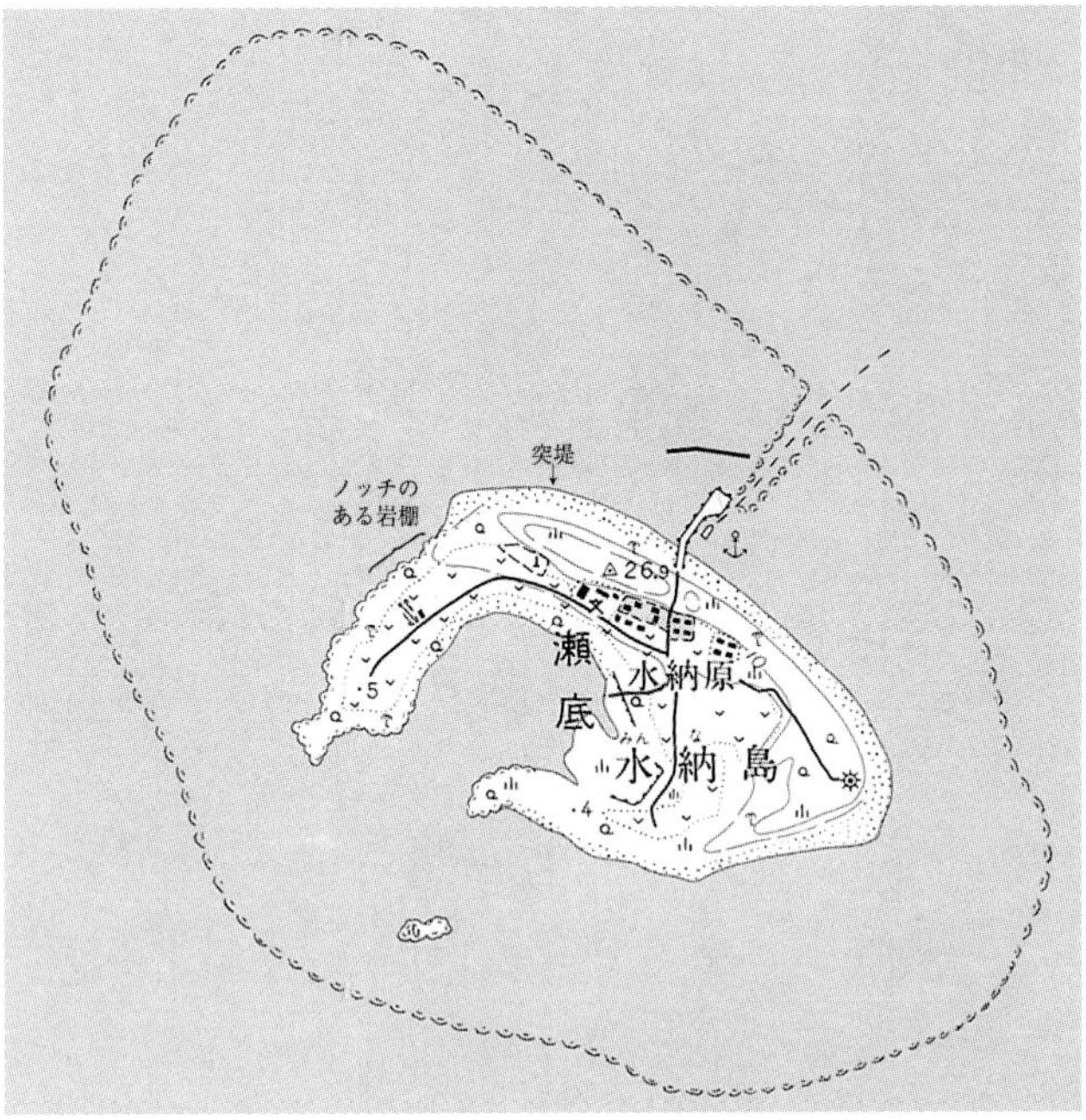

1：25,000地形図「瀬底島」×1.0

水納島へ行く船は、本部半島の先端近くにある渡久地港から一日三便出る（夏期は便数が増える。七月下旬〜八月は一二便）。

一〇月下旬の昼下がり、名護始発の本部半島線本部まわりのバスを谷茶停留所で捨て、海側へ歩くこと一分で渡久地港へ出て、二便目の船で島へ渡った。

船着き場のある島の東側は、水納ビーチという第一級の海水浴場になっている。船には案に相違して、レジャー客や海水浴客が結構たくさん乗っていて、これじゃ何のために時期を外したかわかんないな、と思ったが、島に着いて浜を西へ歩きだしたら途端に人はまばらとなり、二〇〇メートルぐらい先にできている真新しい突堤の根元まで行ったら、二、三人の釣人が竿をあやつっているほかは誰もいない、静かで美しい浜となった。

突堤のすぐ先で白砂のビーチは尽き、そこからは先は灰色ないし灰白色を呈したまっ平らな岩盤が、渚へ向かって張り出すようになる。

まっ平らといっても実際にはいろいろ

平滑な岩盤と岩屑

で、縦横に亀裂が入っていたり、小さな段差ができていたり、それが砕かれてできたらしいブロック状の岩屑《がんせつ》（岩くず）が、左手の砂丘の高まりの基部にゴロゴロと集まっていたりして、それらを観察して歩くだけでもじつに楽しい。

ともかく、あの琉球石灰岩の「岩場」のようにボコボコとささくれ立ってはおらず、微小な穴も開いておらず、きわめて平滑な岩盤なのだ。普通に言うとこれは石灰岩の波食棚《はしょくだな》なのだろうが、きわめて均質な面を持っている。それが何となく面白い。

いずれにせよ、ツアーに引きずられて有名観光地をなぞるのではなく、巷で騒がれている動物を追いかけまわすのとも本質的に違って、筋書きはいっさいなく、何を見、何を「発見」することになるかは事前にはまったくわからない。それが何ともいえず面白いのだが…。

同じ岩の表面に、今度はナマコか何かが這いずった跡のような、奇妙な窪み模様が見つかった。これもよくわからないが、素人眼には生物があけた穴か、あるいは水たまりが拡げた溶食《ようしょく》凹地のように見える。

砂丘の上はモクマオウの並木の独擅場《どくせんじょう》。筋雲の流れる空を箒《ほうき》を並べて掃いているような独特の梢の線が美しい。その下の浜につながる砂の斜面、こちらは黄緑色の葉をつやつやと光らせるクサトベラとモンパノキ、アダンなどの天国だった。

沖合には伊江島が終始見えている。手前は黄緑から中景のエメラルドグリーン、エメラルドブルーを経て、伊江島のすぐ下の濃い藍へと移っていく海。

波は凪《な》ぎ切っており、風も穏やか。陽ざしは強いが秋なので、空気自体もまた爽やかだ。思わずモンパノキの陰に寝転んで、雲でも眺めたくなってくるのだが…。

ついにその先に、あの琉球石灰岩の「岩場」が現れた。

相変わらず凸凹ゴツゴツだ。そして色は、手前の岩屑の浜とは対照的に、黒か黒に近い灰色。海ぎわの部分は陸側へ向かって大きく窪んでおり、その上の岩が一斉にヒサシのように出っ張ってしまっている。

　しかもここではヒサシの先端部がヤリの穂先のように鋭く尖っている上、全体もガサガサのトゲだらけで、先端には直径数センチぐらいの小さな丸い穴まであいていた。

　この窪みは波食窪《はしょくくぼ》とかノッチと呼ばれるもので、どこのどんな岩場にもできる地形なのだが、こんな見事なノッチは沖縄や奄美の海岸でないと、やはりなかなか見られない（石灰岩は二酸化炭素を含む水に溶食されやすいので）。

　サンゴ礁海岸のノッチは、波静かな場所でも年に一ミリぐらいは後退するそうだから、一〇〇〇年ではメートル単位で削られてしまうわけである。スゴいことだ!!

　さらに、この海岸の造るノッチの造形は景観としてもなかなか面白かった。

　実際、いくつかのヤリの穂先を陸側のほうから見ると、それはあたかも沖合のほうを向いて並んでいる砲台の列のように見える。そしてそれが狙っているのが伊江島のタッチューであるのを認めた瞬間、思わず笑ってしまったのだった。

　この岩場の背後にアダンの繁みをくぐって内陸へ抜ける小径《しょうけい》ができていて、それをたどると村から西へ延びる農道へ出ることができる。クロワッサンの島（島の特徴的な形から、水納島は俗にこのように呼ばれる）の西の枝、すなわち西端の岬までは、そこからわずか三〇〇メートルだ。

　道は途中、牛や牛舎を見ながらチガヤやススキの叢生《そうせい》する草原の中をまっすぐに延びていく。海岸へ出て、ここでも真っ黒な岩のクサビがラグーンの海の上に唐突に張り出している岬を明るく輝く水の情景とともに眺めたあと、来た道を今度は村の入口までブラブラと戻っていったら、道の両側に、二本の背の高いモクマオウが門柱のような風情で立っていた。ここが聖域への入口であることを告げているかのようだ（水納島は瀬底島とともに本部町・瀬底地区に属し、島全体が聖地であるといわれる）。

　村は琉球瓦の漆喰《しっくい》の白にブーゲンビレ

西端の岬

アやハイビスカスの植込み。さっきの船着き場の方からくる道にぶつかったらそれを右へ折れると、道は今度は島の西側に抱かれた円形の湾の岸へと下りていく。

こちらの湾は透き通るように明るい水色で、波は外浜よりもまた一段と穏やか。対岸のモクマオウが静かに影を落とす風景は、海というより高原の湖のようだ。右手の浜は白いサンゴのかけらと土の混ざったクリーム色の白砂。左手のほうは、イモ貝や巻き貝やチマキボラなどがギッシリと打ち上げられた貝の浜。手前に家が一軒建っているが、この日は誰もおらず、さらに左手のほうは水草とモクマオウの生い茂る侘しい湿地となっていた。

村から島の東方の灯台までは、古びた木の電柱列に導かれながら、サトウキビ畑を細々とぬっていく土の道。灯台の先でモクマオウの林を抜けると、また外浜と海。しかしそこに、さっきのビーチのような賑わいはなかった。

その浜をよろめきながら北西へ向かって歩いていったら、クサトベラの繁茂する砂丘の上に出、その向こうで伊江島のトンガリ帽子と、あと一〇分で出航となる帰りの船が待っていた。

凝灰岩の白亜の岬
真鼻毛・筆ん崎（粟国島）

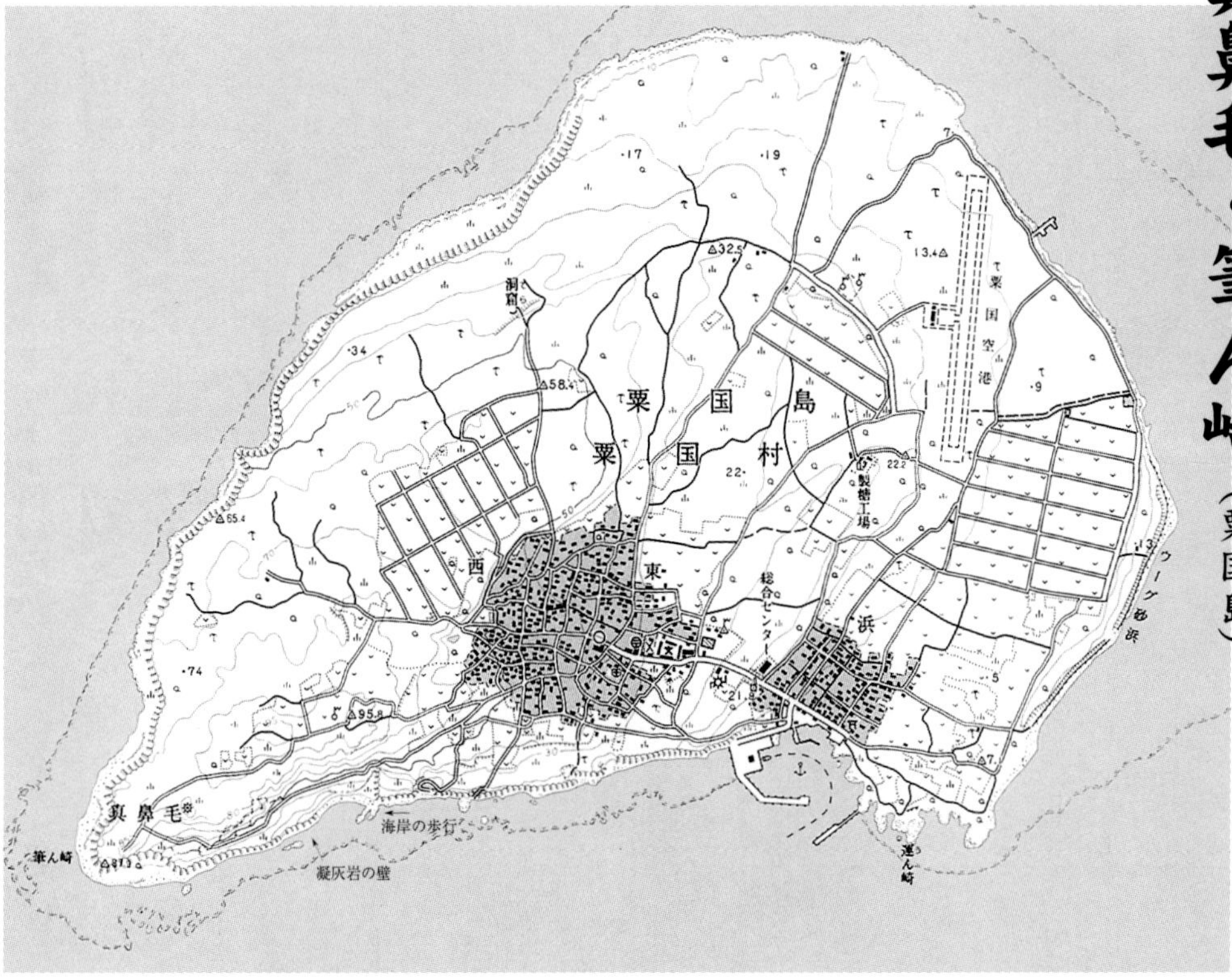

1：25,000地形図「粟国島」×0.75

筆ん崎は真鼻毛《まはなもう》の西、粟国島の最西端部に突き出す岬である。

標高は八七・九メートル。地図上の最高点は、西集落と真鼻毛の間にある三角点の九五・八メートル。実際の最高点は、そこから西南西へ三〇〇メートルほどズレたところにある小丘で、九七・三メートル。

一方、島の北側の海岸や、南東端部の運ん崎、東端のウーグ砂浜などは、いずれも一〇メートル以下の磯や砂浜だから、真鼻毛や筆ん崎は、島のなかでは圧倒的に高い場所ということになる。

この孤高の岬を造っているのは、これまでにでてきたどの島のそれとも違う岩石——火山灰が堆積してできた、いわゆる凝灰岩《ぎょうかいがん》だ。

西集落と東集落、浜集落を連ねる線の北側では、他の多くの島と同じく琉球石灰岩がこの凝灰岩層を覆っている——古い火山活動の時代が終息したあとで、（海面下で）平らに削られた島の上面が南西から北東へ向かって傾き、浅いところでサンゴ礁が堆積した結果、そういう

筆ん崎の断崖と崖下の磯

ことになったらしい。

というわけでこの島では、筆ん崎からの眺望や、海や断崖の眺めと合わせて、岩の産状を見て歩くのが面白い。

西集落のはずれから、高い電波塔を載せて行く手に立ちはだかっている高まりを越え、ソテツやススキの繁茂する耕作地を西へ歩きながら灯台の横を通り過ぎると、間もなく前方に真鼻毛の台地が見えてくる。

鼻は海岸の突出部、毛は沖縄本島の万《まん》座《ざ》毛《もう》などの毛と同じく平らな土地（野、または野原）を意味するから、真鼻毛は「岬の原」ということだが、その名の通りここは、芝生のような草が地表をいちめんに覆っているだけの茫々とした草原。

前方に展望台のような施設と、右手のほうに風力発電の高いプロペラの塔が立っているが、あとは周囲を取りまく柵を除けば人工物はまったくない。

草が切れかけている所からは、なるほど凝灰岩らしい白っぽい地面があちこちで見えている。

そして、その台地の外側にもう見えている海のパノラマに心をはずませながら柵の外側を覗き込んだとたん、崖下《がいか》の浜へ向かって一気になだれ落ちていく垂直の崖と、その側面の岩の白さが眼に飛び込んできて、思わず足がすくんだ。

岩が堆積してから少なくとも数百万年、離水してからでも、おそらく数十万年は経っているのであろう、永年の雨や風や波にさいなまれて表面をボコボコにされながらも、八〇メートルを越える高さで屹立《きつりつ》して、遠く慶良間の島々や沖縄本島を眺め続けている断崖。

海面まで一気に見下ろされるその断崖の姿態・表情もスゴければ、中段あたりから下の崖壁を完全に覆って住処《すみか》にしてしまっている灌木たちの定着力・生命力もまたスゴい。と同時に白い崖、直下の白い浜と、果てしなく拡がる海と空のすべてを前にして立ちつくしている戦慄《せんりつ》が、体を震わせる。

東へ続く崖の上部やその背後の斜めに傾いた斜面を覆っているのは、左手の草原と同じ、茶がかった草だ。

さらにその向こう側には、浜の集落や

運ん崎に至る幾つもの小さな岬が収斂《しゅうれん》するように見えている。

南西のかなたにクッキリと浮ぶ島影は、渡名喜島と久米島。そして崖下のサンゴ礁の磯のエメラルドグリーンと岩の灰色のマダラ模様や海の青の加わった造形模様も美しい。

これだけの岬がもし本土にあったならば、間違いなく売店が並び、駐車場ができ、下手をすると団体バスが列をなす、ということになってしまうところだが、ここではそんな心配はいっさい要らないのがいい。岬の先端は拝所になっていて、この日は団体客のかわりに御願《ウグワン》の光景を見ることができた。

真鼻毛は風に吹きさらされて広がる風《ふう》衝《しょう》草原。その草原は、もう一一月に入って草もほとんど枯れかかっていたが、注意して歩くと叢の中には野ギクや紫色のキキョウもあちこちに咲いていて、訪れる人に草花を楽しませることも忘れてはいなかった。

凝灰岩の崖は、展望台の南側では崖の上部を斜めに這い下りながら、美しい地層の縞模様を描いている。それを見ながら崖の中腹を東へ向かって下りてゆくススキ原の道をたどると、それは集落に入る手前で右手の崖を海岸まで降りて浜に出る。

そこから岩磯を西へ進んでいくと、今度はさっきの凝灰岩とは違った岩の様相を楽しむことができる。

最初は海側に立っている巨大な岩島を眺めたり、足を濡らさないように崖裾に身を寄せたりしながらの歩行となる。このあたりの崖はどこも白くはなくて、黄色い岩と褐色の岩が乱雑に積み重なったり、部分的に互層《ごそう》（交互に積み重なる）したりしていた。

ところが、その西に開ける広い岩原に出たとたん、風景は一変する。

足元は黄土色や灰色の岩が地層の縞模様を走らせているさっきのに似た岩棚（岩床《がんしょう》）だが、そのあちこちから黒い岩の塊がボコボコと頭を出して、右手の岩壁の基部に密集したり、頭を連ねて長い堤防を造ったり、いたるところから突き出したりするようになるのだ。

　さらにこの黒い岩塊群と黄土色の岩が接しているところでは、後者がまるで焼け焦げたように赤褐色を呈するようになる。黒い岩はおそらく溶岩で、赤褐色のほうは高温の溶岩と接触してベイクされた凝灰岩または凝灰角礫岩《かくれきがん》。このあたりは火山活動がひときわ激しかった場所らしい。

　この広い岩原が西へ尽きるところの山側の崖では、ふたたび白一色の凝灰岩が横縞の美しい層理《そうり》を造っていた。

　そのさらに先の海へ向かってゆるやかに張り出す凝灰岩の岩壁は、今度は層理のまったくない肌に滑らかな波型の窪み模様（タフォニの風化窪か？）をいちめんにあしらって、ハチの巣穴はないが、風化の初期段階のように見えた。

　村ではかつて凝灰岩をくりぬいてトゥージと呼ばれる水槽を造り、天水など蓄えるのに使っていたというが、その岩はこういう所で切り出されたのだろうか？

　そこではちょうど崖の前面に拡がる水浸しの岩床が、陽をまぶしく反射して見事な光の造形を造っていた。

　ここから先はもうこの白い崖の連続だろう、と判断して、来た道を戻った。

凝灰岩の滑らか肌の壁

真鼻毛・筆ん崎（粟国島）

筆ん崎を東から見上げる

南岸の海岸部の歩行。行く手に凝灰岩の崖

筆ん崎より東望

筆ん崎の拝所にて

溶岩と赤変した地層

凝灰岩の美しい層理

トゥージの兄弟

グスク山・硫黄岳

硫黄岳からグスク山と前嶽

前嶽

グスク山上部の溶岩円頂丘

ハシケに乗りうつる

硫黄岳を南から見る

坂の途中から見下ろした岩峰

イケドン御嶽

（硫黄鳥島）

硫黄岳の大火口

グスク山外輪山の噴気

城崎（伊是名島）

北方から見た城崎

城崎にて。海ぎわのチャートの岩礁

海ギタラと陸ギタラ

城崎を東望

神アシャゲ

城崎から本部半島を望む

北岸の浜

上原にて

伊是名島城崎からチジン山～伊平屋島を望む

村内・下原・上原（古宇利島）

外浜と内湾（水納島）

船上より古宇利島を望む

プトウキヌメーエ

海から上がってきたタコとおじさん

ひとつ東の海岸

水納原にて

内湾の風景

モクマオウの門柱

岩盤と岩屑と砂丘

ノッチ

ノッチ岩から伊江島

島の北部より米軍施設と城山

城山（伊江島）

伊江島・城山より本部半島と瀬底島を望む

並里から城山を見る

南西麓の溜池から城山を仰ぐ

城山より西望

伊江島北岸の断崖（東望）

伊江島北岸の断崖（西望）

II 沖縄諸島②

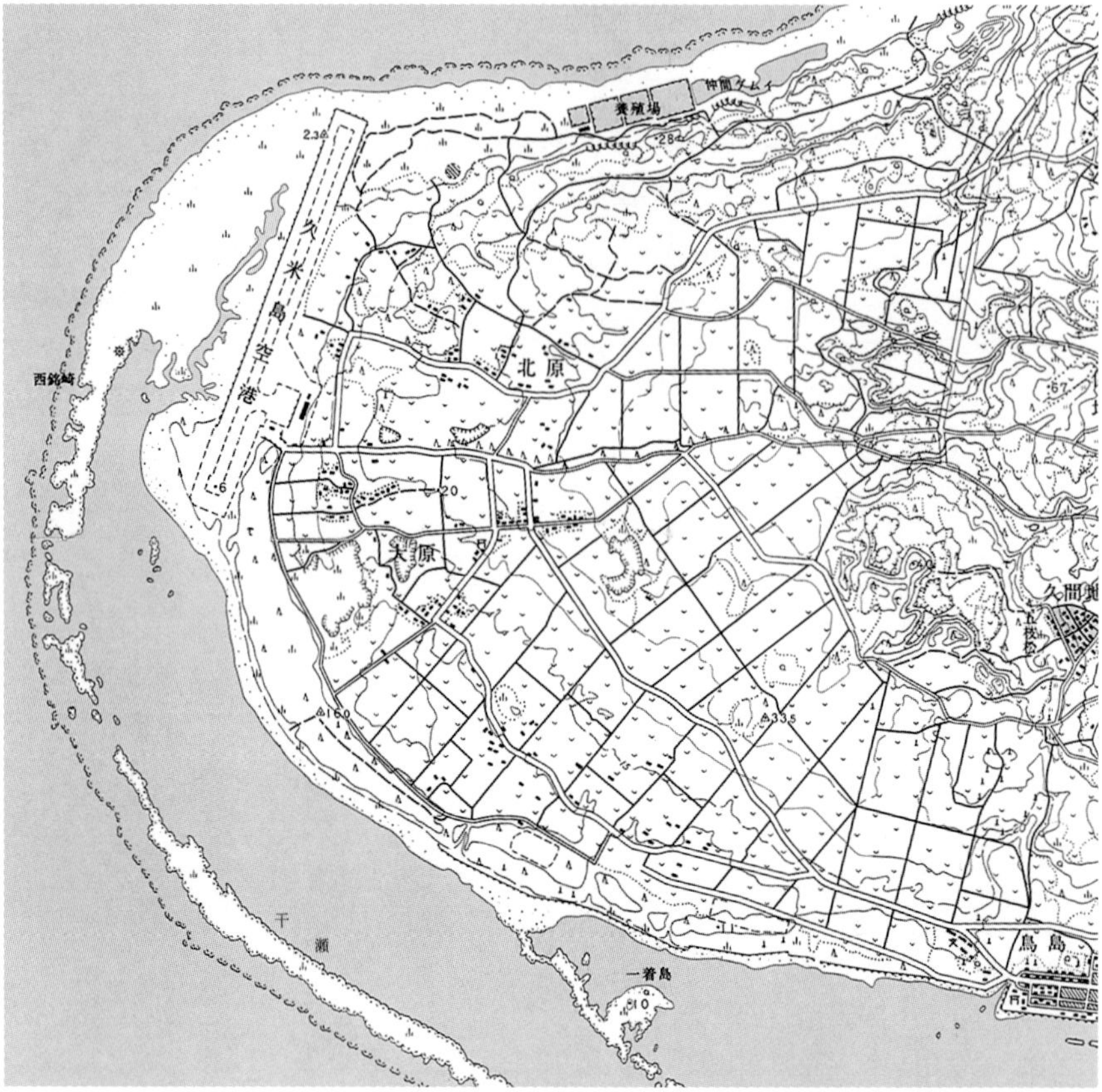

1：25,000地形図「久米島」×0.75

裾礁と堡礁の美しい離島

西銘崎・御神崎

（久米島）

球※美島というまたの名が示す通り、久米島は島を取りまくサンゴ礁の姿が美しい。

蝶が羽を拡げた形にもたとえられる左側の羽の先端部、すなわち久米島空港の滑走路の西から、儀間南方にかけての海岸を縁取っているのは、幅が一キロ前後、長さが八キロ以上に達する見事なサンゴ礁だ。

このサンゴ礁は、内側の海の深さが数メートル程度しかないという点では、他の多くの島々に発達するサンゴ礁と同じ、裾礁《きょしょう》と呼ばれるサンゴ礁である。

しかし、二万五千分の一ぐらいの大縮尺図で見ると、礁の外縁を示す隠顕岩《いんけんいわ》の記号が、ここではただ単に陸地を取りまいているのではなくて、離水した明瞭な岩堤（干瀬《ひし》）となって、幅一〇〇メートルぐらいの美しい岩の縁取りを造っていることがわかる。

加えて西銘崎の内側では、ラグーンの北端部が複雑な形の水路となって、離水した礁原《しょうげん》部分に入り込んでおり、ラグーン内にも一着島のような飛びぬけて大き

久米島東岸より久米堡礁を望む

な離れ島、その島を浜とドッキングさせているみじん切りの岩堤、さらに西銘崎の南東方や、硫黄鳥島からの移住者が住むといわれる鳥島集落の沖合にも多数の岩塊や小島が集まっていたりして、変化に富んでいるのだ（裾礁の内海は、一般に礁池《しょうち》とかモートと呼ばれることが多いが、筆者はこの用語が好きではないので、この本ではすでに何箇所かで表記したように、礁湖《しょうこ》またはラグーンと表記する）。

久米島ではもう一つ、東海岸の真泊付近から、はるか沖合へ向かって長く発達したサンゴ礁が面白い。

このサンゴ礁は、久米島と橋で結ばれている奥武島や、すぐ隣のオーハ島、イチュンザ岩などの離れ島を包含しているだけでなく、ハテノ浜などの四つの洲島《すとう》（砂でできた島）を抱いて、はるか沖合の御神崎まで一二キロにわたって延びていっている。

さらにこのサンゴ礁は南西方にも続きがあって、オーハ島の南方から島尻湾の前面を陸地からかなり離れて横断するような形で延びている（この部分は地図には描かれていない）。こちらは全体として久米島そのものから著しく東へ突き出し、ラグーンの水深も深いため、裾礁ではなくて堡礁《ほしょう》と呼ばれる。いわば久米堡礁だ。

一〇月末の台風が通過した翌日、この堡礁の海を眺めながら東のはずれの御神崎まで行ってみたくなって、久米島東岸から東の海へ乗り出した。

ハテノ浜を中心とする久米堡礁の一帯は、沖縄本島周辺では最も人気のあるリゾート地となっている。したがって通常なら、レジャー船や釣り船のたぐいがたくさん出ているところだが、台風一過といってもこの日は波がおさまっただけの曇り日だったので、人はまだほとんど出ていなかった。

泊の浜で頼んだ船（小型のモーターボート）は、それをいいことに、欄干《らんかん》から手を離すとたちまち海にふり落とされそうになるほどの快速で飛ばし、右手の海上に次々と現れる洲島の列をゆっくり観

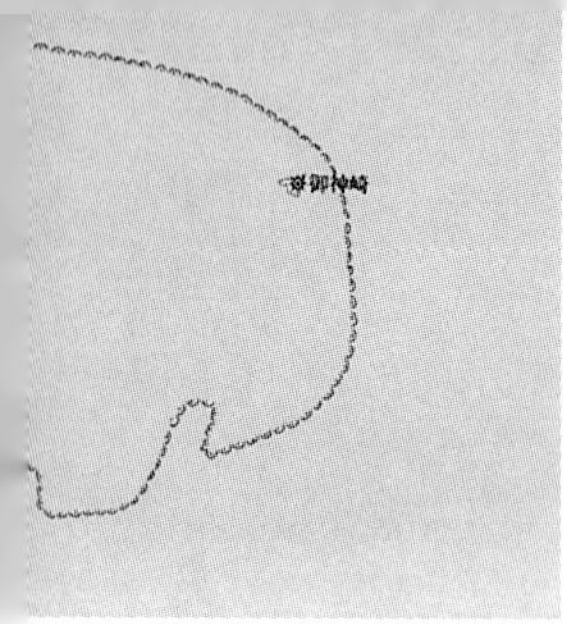

ハテノ浜（ナカノ浜）

察するいとまも与えずに、わずか三〇分足らずで御神崎に着いた。

　御神崎は、地図にはハテノ浜と同じく洲島（砂島）であるように描かれている。しかし実際は岩屑や岩塊ばかりが著しく目立つ、岩屑の島だった（礁の外縁に近い場所にあるのだから、当然か）。

　接岸はできないので一〇メートルぐらい手前で船を降り、水中を歩いて島に上がる。岩屑の山を避けながら、つまずかないようにして歩くこと二、三分で、御神崎灯台の足下に出た。

　昭和三三年初点《しょてん》のこの灯台と、すぐ左手にある小さなヘリポートと、人工物はただそれだけ。あとはこの二つを中心に、岩屑と岩盤と砂が平らに拡がるばかりで一本の草すらない、見様によっては殺風景な島（これも当たり前か）。ただしサンゴの見事な化石はあちこちで見つかった。

　灯台の壁にはハシゴがついている。それを登って中央の広い段に上がると、より広い範囲が見渡せた。

　全面岩屑や砂と見えた島は、周囲を黒っぽい岩屑で縁取られた白砂かぶりの白い陸地。ただし灯台の東側ではそれが今度は礁の外縁部とほとんど一体化して、黒一色の岩盤の原へ移行する。

　そして来た方角を望むと、はるかの水平線上に横たわる久米島へ向かって、外側よりわずかに色が淡い堡礁の海が延びていた。

　延びていたといっても、実際には、底の白砂の部分と岩盤の影の部分の色の違いを微妙に透かす明るい水が、右手では干瀬の岩盤と白波を束ねる黒と白の線によって、また左手では遠く弱く砕ける波の、かろうじて見える細線によって、それぞれ外側の色の濃い海と画されているのが見えるだけ。

　間にあるはずの洲島群は、右手の砕波《さいは》帯《たい》の白波の線を少し太くしたぐらいのごく短い線分となって、久米島の左半分の山地の下に完全に貼りついてしまっていた。

　外洋側（東方）の海は鉛色。そのかなたに、こちらも二つの島のように浮かぶ渡名喜島と、左にやや離れて浮かぶ出砂

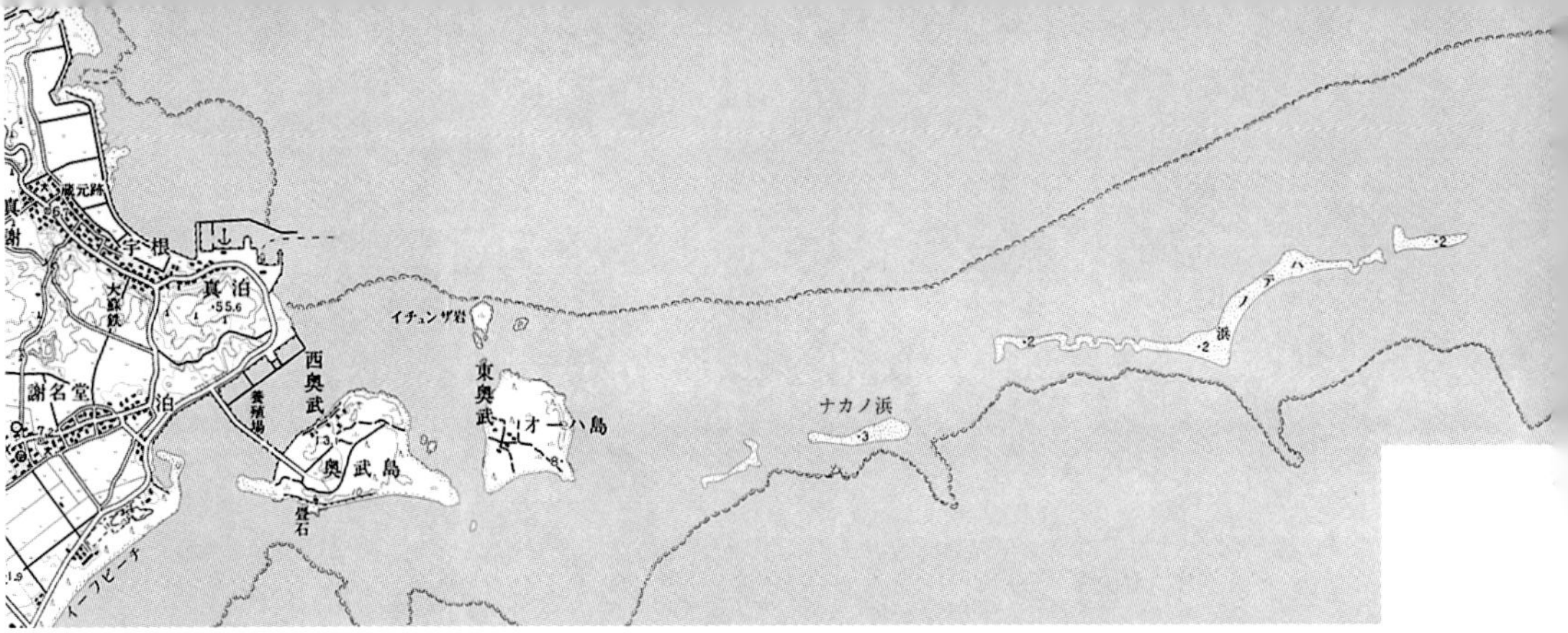

1：50,000地形図「久米島」×0.7

島、そして右手には慶良間の島々もいくつか見えている。こちらも侘しいながら、穏やかな眺めだった。

天気は西から回復しているようで、御神崎で遊んでいる間に、久米島のほうはもうすっかり晴れているのが見えていた。そして船に乗り、ハテノ浜に着くころには、そこもほとんど快晴となった。

立ち寄ったのはハテノ浜ではなくて、正確にはその西のナカノ浜だった（船のおじさんの話では、こっちのほうが人が少なくて、岩の露出部も少ないので風景が格段にきれいということだった）。

きのうの台風が全部ゴミをさらっていった、ともおじさんは言った。天気もよくなって、さすがに人が来ていたが、それでも長さ七〇〇メートルという広大な砂島の中に、人はせいぜい一〇人か二〇人ぐらい。夏は相当ごった返すのだろうが、この程度ならいいだろう。

しかも上陸地点から西のほうへ歩いていくと、その人もまったくいなくなったばかりでなく、人工物もゴミもほとんど見当たらない無垢《むく》の浜が拡がってくれた。

洲島の砂の高まりを越して南岸の浜へ出てみると、そこには確かに岩礁の露出した一帯があった。沖合の目覚めるような海のかなたには、トンバーラー岩もクッキリと浮かんでいる。

そしてふたたび北側の浜に戻ってみると、今度はその先に、波の紋様を美しく広げた宝石のような浜があった。

さらに西は、淡いラベンダー色の水たまりを白い波型の砂地の上にいくつも湛えた美しい浜。それが遠く、久米島の足下まで見渡すかぎり続いていた。

※球美島
『続日本紀』などに八世紀ごろから見える久米島の名。久米島は琉球方言ではクミジマという。

御神崎から見た久米堡礁のパノラマ

トンバーラー岩
久米島南部
干瀬の白波
ハテノ浜
オーハ島

柱状節理の露出した浜

畳石（奥武島）

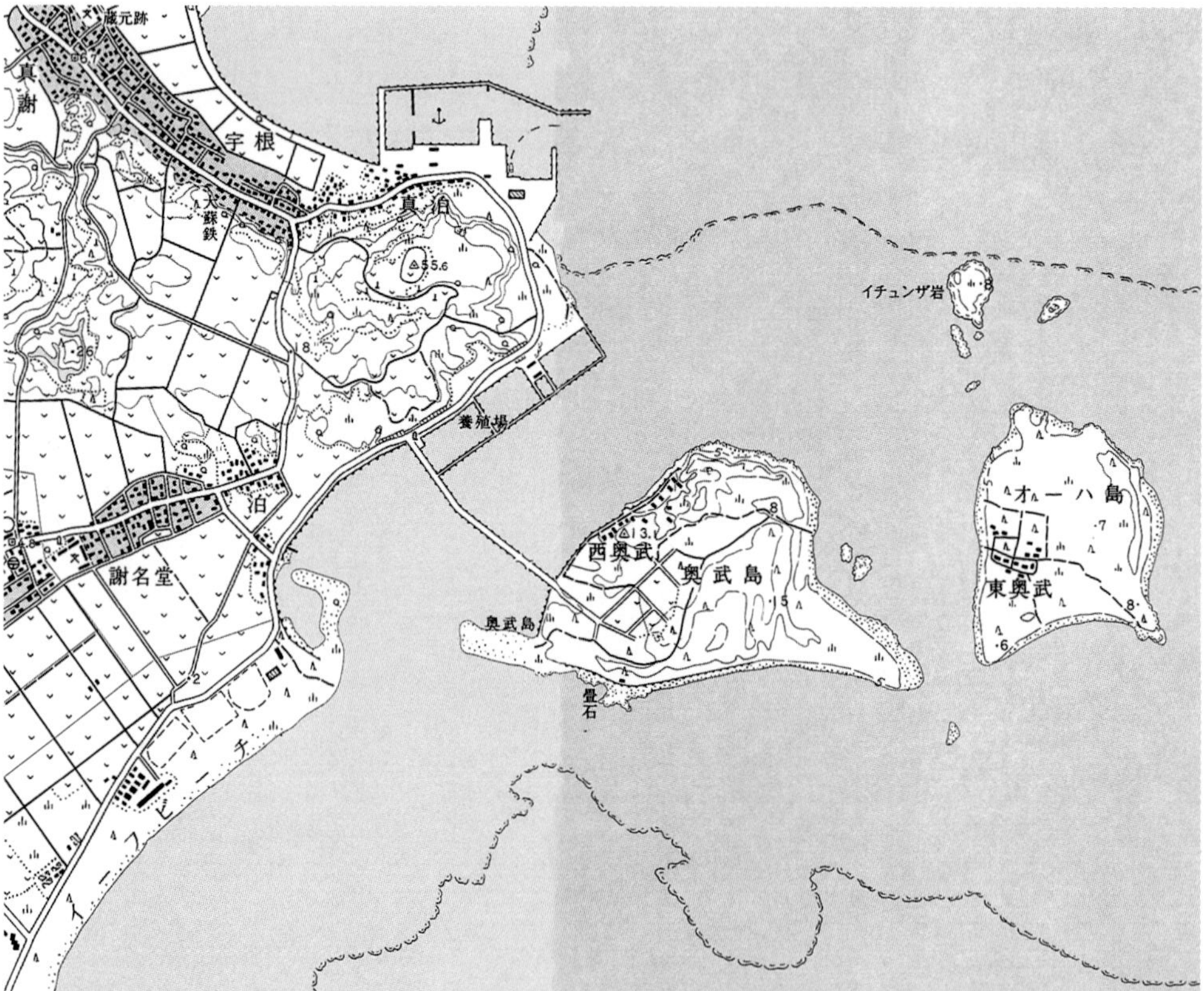

1：25,000地形図「久米島」「久米島東部」×0.85

硫黄鳥島を奄美諸島の属島と考えると、沖縄にはいわゆる火山（陸上の）や火山島は、一つもないことになる（尖閣諸島の久場島は火山で、八重山諸島に属しているが、尖閣諸島は実質的には周辺国との国境地域のようになっていて、気軽に行ける状況にないのでここでは除く）。

しかし、かつて活動していた古い火山や、火山性の岩石でできている島ならばいくつもあって、そうした島ではそれらの産状を見て歩くことができる。粟国島はその一島であった。

久米島もまた、琉球列島のおもな島々の並びから遠く西へ離れ、鳥島や粟国島を南へ延長したような位置にあるのだから、火山起源の島であるように思われるが、これは実際その通りで、第三紀ごろに活動していた古い火山を持つ島なのである。

たとえば島の北部にあって、空港や一周道路からもよく見える宇江城岳（久米島最高峰）は、いまから五〇〇万年ぐらい前に活動していた成層《せいそう》火山《かざん》（火山灰や溶岩流などを交互に積み上げて造った火山）なのだそうだし、南方の阿良岳（二八七メートル峰）も、やはり火山起源の山なのだ。

島の東部の仲里村の海岸には、奥武島《おうじま》、オーハ島という二つの島があって、奥武島は久米島と橋で繋がっている。

この両者はどちらも低く平らで、大きさも著しく小さいから、なおさら火山には見えないが、奥武島には島の南岸と北岸に火山岩が露出している（オーハ島は琉球石灰岩を主体とする隆起サンゴ礁島である）。

とくに島の南岸に露出している安山岩は、見事な柱状節理《ちゅうじょうせつり》を発達させた岩棚で、「畳石」として知られている。

久米島を一周するバスを泊の集落で捨て、民家とサトウキビ畑のきわを通って海側へ出ると、全島森で覆われたような奥武島が海のむこうに見えていた。

奥武島の西岸からはバターナイフのような形の砂嘴《さし》が、久米島のほうへ向かって延びだして、イーフビーチの側にできている鉤状砂嘴《かぎじょうさし》に今にも届きそうになっている。

橋の上から眺める海は、二つの砂嘴を完全に取り込んで、きれいな水たまりをあちこちに湛える明るい干潟になっていた。

二つの砂嘴が繋がって、奥武島がほんとうの陸繋島になるのはいつの日か？ などと考えながら橋を渡り、右手のモクマオウの鬱蒼《うっそう》とした林を抜けると、眼の前に畳石のある浜の全景が現れる。

いかにも火山岩らしい黒っぽい色をした岩棚が、五角形や六角形の畳をすきまなく敷きつめたように、浜と海の間に拡がっている。確かに、浜の手前の説明板の言う通りで、それは認める。

だがしかし、実際の畳の割れ方やその容態はそれほど単純なものではない（この岩はできてから少なくとも数百万年、そして少なくとも数千年間は、継続して波に洗われている）。

最も眼をひくのは、確かに五角形や六角形の岩だが、四角形や三角形のもあるし、円に近いものや不定形のものもたくさんある。

しかも個々の岩盤の多くは、まわりに太いチューブか何かを巻きつけたような、肉厚のグロテスクな黒い縁取りを持っている。近くからそれを見ると、岩盤の砂かぶりの灰色がかった面に対して、周囲を取り巻くヘビの胴体のような黒い部分が、その図太さをいっそう強調していて、それがいかにも不気味だ。

さらにそのグロテスクな縁取りは、いま書いたことからもわかるように（節理の割れ目に対して）一条ではなくて二条あり、溝の部分にはまた砂が詰まっていたりして、それがまたいかにも不気味なのだった。

このチューブのような黒い部分は、畳石の面よりも硬いために高く突出して残っているのだろうが、なぜそういうことになるのか？ こういう縁取りをつくるのが柱状節理の一般的な特徴なのだろうか？

そしてさらによく観るならば、畳石の表面にできているさまざまな模様――線状の亀裂や無数のひび割れ、そこから剥離《はくり》しかかっている岩の薄片、中に水を湛えている皿状の浅い窪み、蜂の巣穴やボコボコ穴その他、波食や風食や塩食や乾《かん》湿風化《しつふうか》の産物に違いないさまざまなアバタ模様のすべてが、次々と眼に飛び込んできて、この天下の名勝がタダモノでないことを、肌にまざまざと感じさせるのだ。

　そして今度は、その変化に富んだ岩の造形と、まわりに拡がっている風景——島尻崎とトンバーラー岩、久米島南部の山地のなだらかなスカイライン、微妙に移り変わる海の色、背後に拡がるモクマオウの美しい林など——との取り合わせが更なる味わいを見せて、人を陶酔《とうすい》の境地に誘うのである。

　もちろん今書いたことや、岩棚の構造に関する深い考察は、専門家でなければできないし、景観散歩の範疇《はんちゅう》をはずれてしまうが、少なくとも岩の表情やまわりの風景を心ゆくまで味わい、楽しむのが、ここへ来た人間の畳石に対する「礼儀」というものであろう。

　浜まで車で乗りつけるのはよしとしても、ガイドブックを見、説明板を読んだだけで、最初から見たような気分になって、実際に石の上を歩くのはほんの二、三分、という事にならないようにしたいものだ。

モクマオウの林と畳石

中央部に人を育むユニークな陸繫島

西森〜東浜（渡名喜島）

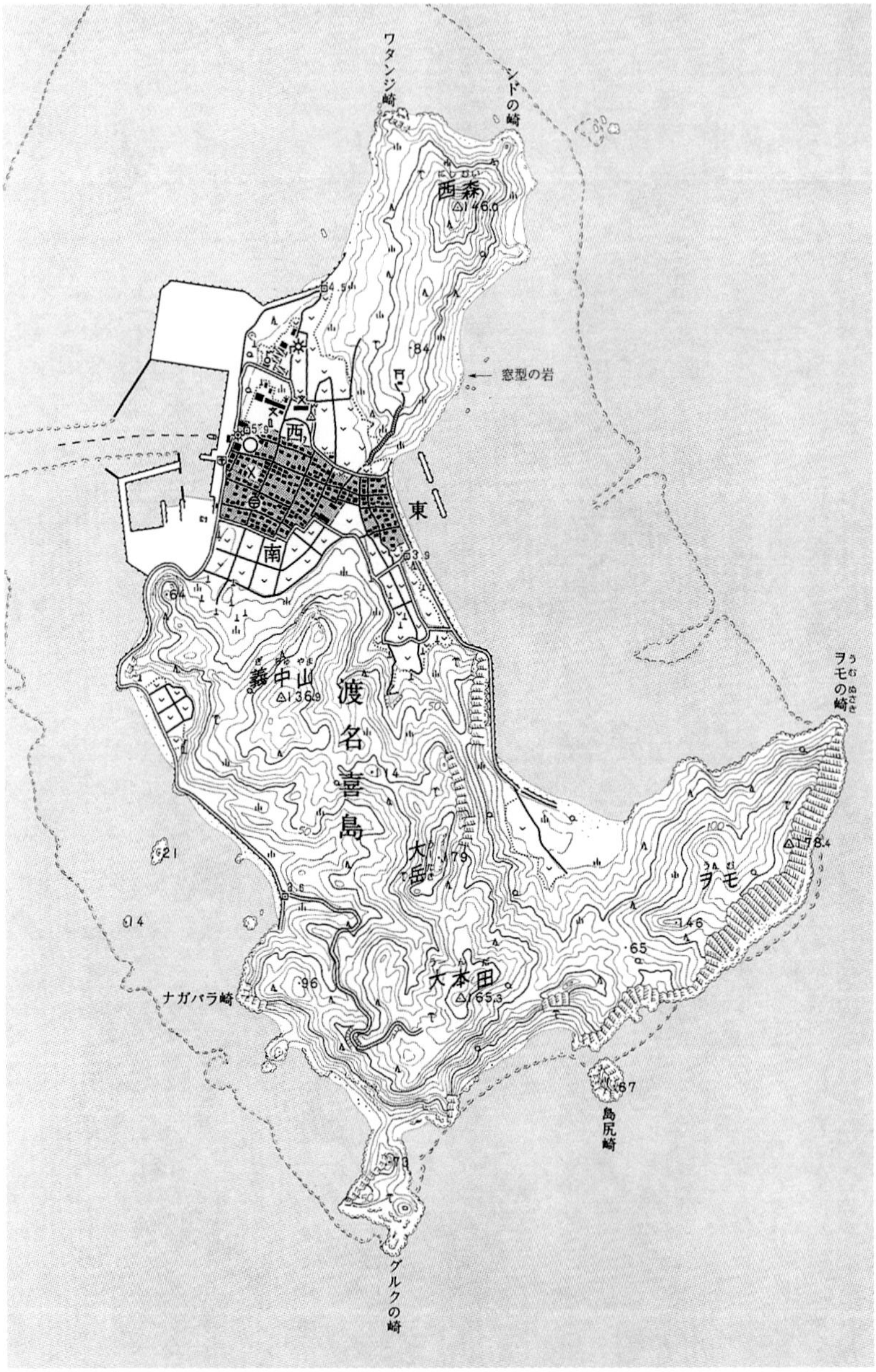

1：25,000地形図「渡名喜島」×0.9

渡名喜島は大岳や大本田を主峰とする南方の山地と、西森と呼ばれる北の尾根山が真ん中の部分でドッキングしてできている。

ドッキング部は標高六メートル以下の砂でできた陸繋砂洲。そして南、東、西と呼ばれる島の三つの集落は、すべてこの部分に集中して立地している。

小学校のあるあたりを北地区と呼ばずに西地区と呼んでいるのは、そして背後の（北方の）尾根山が西森なのは、内地人にとってはチンプンカンプンだが、沖縄の人ならすぐわかる。それは東をアガリ、西をイリと呼ぶのと同じく、北をニシと呼ぶからなのだ。

でもそれに西という漢字をあてているのは、古い時代のマチガイの定着だろう。いずれにせよ、この陸繋島というのは何ともいえず人を引き付けるところである。ここのように、それが島の人文風景のすべてを載せているとすれば、なおさら面白い。

そして島へ渡ったら、どこか高いところに登ってそれを一望してみたくなる。

西森の尾根山の南端の神社のあるところは、いかにも見はらしの良さそうな高台になっているが、行ってみたら、まさにそうだった。

満目《まんもく》のフクギ並木に囲まれて、というか、砂洲の上一帯を埋めつくすその深緑のジャングル並木に埋没して、屋根の面だけを辛うじてのぞかせている家々と、両側にひろがる海、そして背後に連なる山なみの一八〇度のパノラマが、手に取るように見えている。

フクギ樹海の向こうとこっちは、縦横に走る農道の線画の入った緑の耕作地になっている。ではその背後の山腹は？と見ると、ススキ混じりの草に覆われているのはこっちの斜面と同じとはいえ、その山腹には、かなり上のほうまで幾層もの横縞の線が入っている——段畑か何かになっているらしい。

そして山の稜線のところどころに濃い緑の衣を懸けている森や、露出した黒い岩の岩肌の荒々しさが、その耕作景とほどよくマッチして、何か、東南アジアかどこかの村にでも来ているような気がする。

あの段畑は今も使われているのだろうか？　いないのだろうか？　もし使われていないとしたら、さぞ草茫々になっていることだろう。そしてそんなところに安易に足を踏み込んだら、ヤブの中に潜んでいるハブたちの格好のエジキとなるに違いない。


渡名喜島は、久米島と粟国島と慶良間諸島のつくる三角海域の、ほぼ真ん中あたりに位置している。神社のあるこの高台からも、ヲモの崎の左手に慶良間の島々のラインナップが、そして右手の海の向こうには久米島が見える。

その右手には渡名喜島の属島である入砂島が、まるでバルハン型の砂丘のような形をして手の届きそうな近さに浮かんでいる。二万五千分の一の地図では入砂島なのに、二〇万分の一では出砂島となっている島だ。

丘を降りると、すぐ下の畑はモチキビの畑だった。ちょうど五月で、豊かな穂を実らせている。キビはキビでもサトウキビでなくてモチキビなのがこの島の特色だそうで、収穫期は六月。丘の上から見た南方の畑も、同じモチキビなのだろうか？

東の浜には、その南端に突き出すゆるやかな岩の尾根先をまわって南方の浜まで、小道が通じている。しかしこの海岸は、島尻崎のある島の南岸の険しい断崖海岸と違って、サンゴ礁の発達する広い礁原に囲まれているため、北のシドの崎のほうへも自由に歩いていくことができる。

東の浜からシドの崎方面へ向かう海岸は、西森の山体を構成する岩石が、岩峰や離れ岩となって海側に屹立していたり、岩屑の大集団となって崖裾を占拠していたり、あたりいちめんに砕け散ったりしている変化に富んだ海岸だ。

地質はおもに古い火山岩類や貫入岩《かんにゅうがん》(斑岩《はんがん》)が主体で、千枚岩《せんまいがん》や石灰岩などがそれにはさまっているという。だがそう言われたって、どれがどれに当たるのか、当たらないのか、素人にはまったくわからない。

歩き出して最初に眼につくのは、茶色や黒っぽい色をした暗い色の岩だ。この岩は片理《へんり》（薄く剥がれるような割れ目）がまったくなく、代わりに格子状に近いひび割れがところどころ密に入っている。何だろう。岩脈《がんみゃく》の一種だろうか？

さらに進むと今度は白っぽいあるいは灰色っぽい岩が現れる。これは崖裾から海へ向かって長々と派出するように延びた岩の連なりで、磯をさえぎっているその長い岩堤状の形がまず印象的だが、それ以上にすごいのは、先端部の岩の横腹が著しい侵食を受けていて、窓のような大穴が何と二つも（！）開いてしまっていることだ。これは石灰岩に違いない。

海側には下が黒で上が白、かと思うと今度はアズキ、黒、白の三段重ねを誇っているミラクル岩も突出して、目がまわりそうになってくる。

ずっと曇ったままだったところに急に青空が広がって、風景に彩りと輝きが戻ってきた。「メガネ岩」の先はサンゴの岩盤の干上がった礁原が見渡すかぎりにひろがる広闊な磯だった。

沖合に細い帯のように見えている海の青さが眼を射る。斜め北方の海のかなたには粟国島が頭を出している。クサビの片側が海に沈没して傾いてしまったような特徴的な形がここからもハッキリわかる。

ふと気がつくとその海側には、磯を突っ切って沖の方へと延びていく礁の岩盤のわたり道、すなわち渡地《ワタンジ》ができていた。すっかり美しくなった海とともに、島の海人たちも続々と磯へ出てきて、渡名喜の浜はにわかに活気をおびてくる。

西森南東方の海岸のワタンジ。左端に粟国島

円形の湾を抱くリアスの島

高月山〜安護の浦

（座間味島）

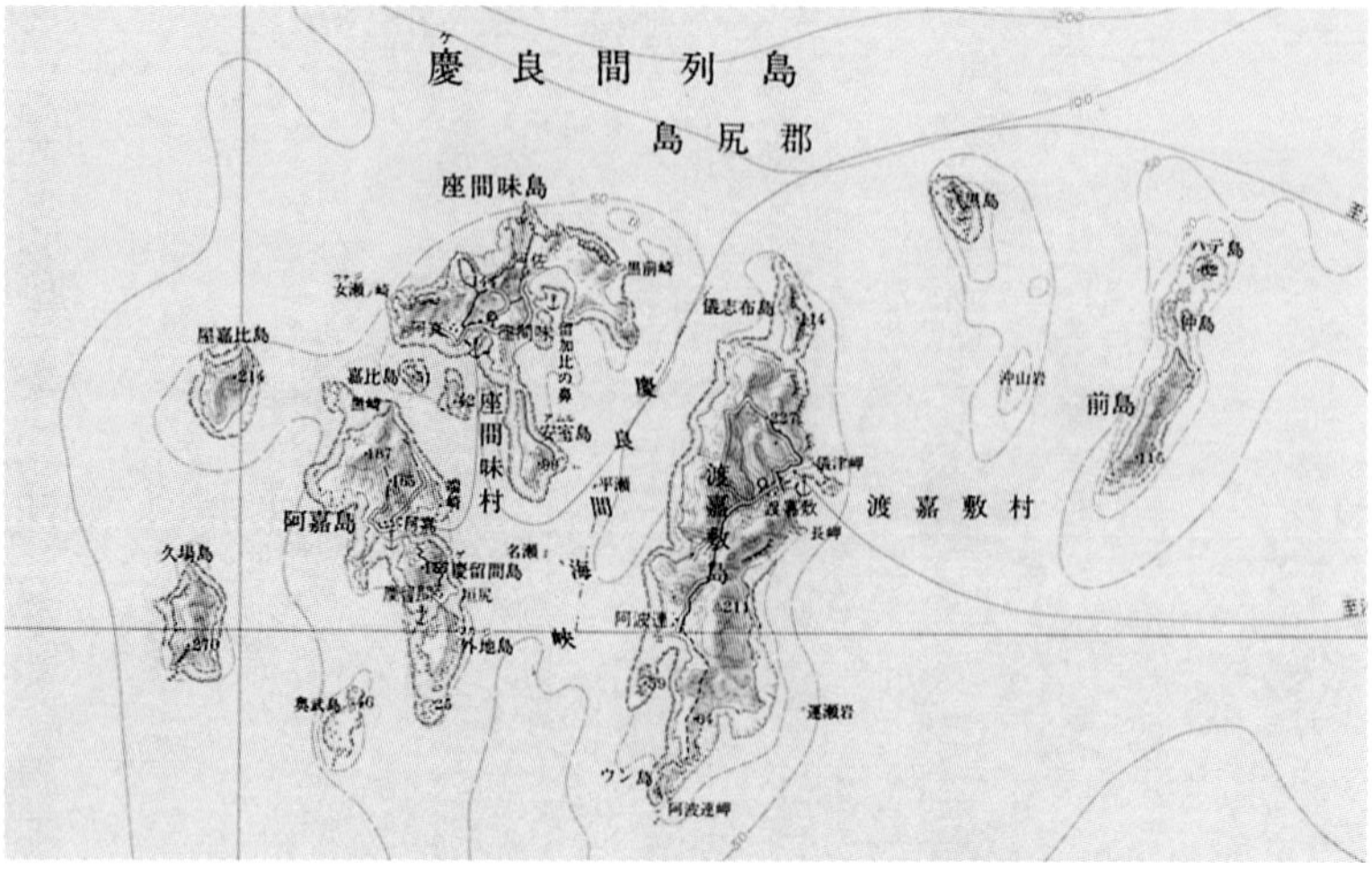

1：200,000地勢図「久米島」×0.7

1：25,000地形図「座間味」×0.65

慶良間の島々は、かつてこのあたりにあった巨大な山塊が、沈降を続けた結果できたものだ。

山塊といっても、その規模は沖縄本島から久米島までをひとまたぎするぐらい大きく（そのころ、沖縄本島付近は逆に海の底だった）、その高度も二〇〇〇メートルを越えていた。

しかし何分にも、その沈降が数百万年にわたって続いたため、さしもの山塊もその高度を維持することができなくなり、結局一〇〇メートルか二〇〇メートルの高さの島の集まりに変化せざるを得なかった。

二〇キロ四方というせまい海域のなかに、多数の島々が集まって、見事な多島海をつくっているのも、ひとつひとつの島が屈曲に富んだリアス式海岸の様相を呈しているのも、普通は島のまわりを取り巻いたり台地を造ったりしている琉球石灰岩が、この海域では八〇メートルの深さの海底に沈んでいるのも、みんなそのせいなのだ。

今ここは、美しい造礁サンゴやカラフルなお魚や、ウミウシやイソギンチャクなどを求めて本土から殺到してくるダイバーたちの楽園となっている。

だが、陸上に眼を向ければ、沖縄でリアスの湾入と多島海の景観がこれほど変化に富んだ形で見られるところは他にないのだから、それを楽しまないのはもったいないというものだ。

そして、同じ渡嘉敷村（慶良間諸島の東半分を構成する村）に属するナガンヌ島、クエフ島、神山島などの洲島群の俯《ふ》瞰《かん》と島々の空中散歩が楽しいせっかくの定期航空路があるのに、島々への往復に、両方とも船を使ってしまうというのも――。

座間味島は、慶良間の島々のなかでもとりわけ変化に富んだ面白い形をしている。

島はどこも深い森。その深い森に覆われた緑の山岳地帯が、海に溺れそうになりながら島の骨格部分をつくっている。

そして白砂の浜やサンゴ礁の浅瀬に縁取られ、数多の岬を突き出して、その輪郭をいっそう複雑にしている海岸部。赤崎の西の、海へ向かってひょろ長く突き

高月山から安護の浦
東方の多島海を望む

出たヘビの頭のような岩礁の形が面白い。一見ひと続きのように見える島も、よくよく見ればいくつかの部分からなっている。

たとえば赤崎や中岳、大岳を載せて安護の浦を北から抱いている山地と、留加比の鼻を持つ山の東にある三角形の山塊は、それぞれ独立した島だったのが陸繋島としてより西側にある山地と繋がったものだ。そしてここでは、多くの山々に囲まれて、クレーターか何かのようにボコンと大きくへこんだ安護の浦の形がことに眼をひく。

五月はじめの蒸し暑い日、安護の浦の西に聳える高月山の頂に出た。南には白壁とピンクの屋根を基調とした座間味の碁盤目の村が見おろされ、阿嘉島や屋嘉比島などの島々を浮かべる海のパノラマが、その背後に拡がっていた。島は逆光の海に浮かぶ濃淡のシルエットだが、これを見るためだけにここへやってきたとしても惜しくはない値千金のパノラマだ。

ふり返ると今度は、青く暖かい海を湛えた安護の浦が、松の緑を満載した手前のコブ山の向こうに大きく広がり、その先に浮かぶ渡嘉敷方面の島々が、横たわる背の尾根の並びを水平線の上までいくつも重畳《ちょうじょう》させていた。

このあたりの山地は、粘板岩《ねんばんがん》や千枚岩でできている。高月山の山頂部に露出しているのは、泥岩の薄片を本のページのように積み重ねた見事な千枚岩だった。

それを見ながら安護の浦の西岸、すなわち阿佐の集落のほうへ下りていく小道は、いたる所でむき出しになった地中の埋設チューブが、一瞬ヘビかと見間違って人を驚かせる、しかし同時に、山腹の松の緑やススキの繁みの底にすっぽりと抱かれながら坂を下っていく、静かな山道。

浜に下りて、心地よい海風に吹かれながら周囲を取り巻く「外輪山」を見上げたり、湾の真ん中に浮かぶ、こちらは砂岩らしい節理の入った灰色っぽい岩堤や、白砂の透ける明るい湾を眺めながら、もの思いにふける一刻。

それらをひとしきり楽しんだあと、座間味の集落へ抜ける山裾の一本道をゆっくりとたどっていった。

礁をめぐらす山岳群島

阿波連〜渡嘉敷

（渡嘉敷島）

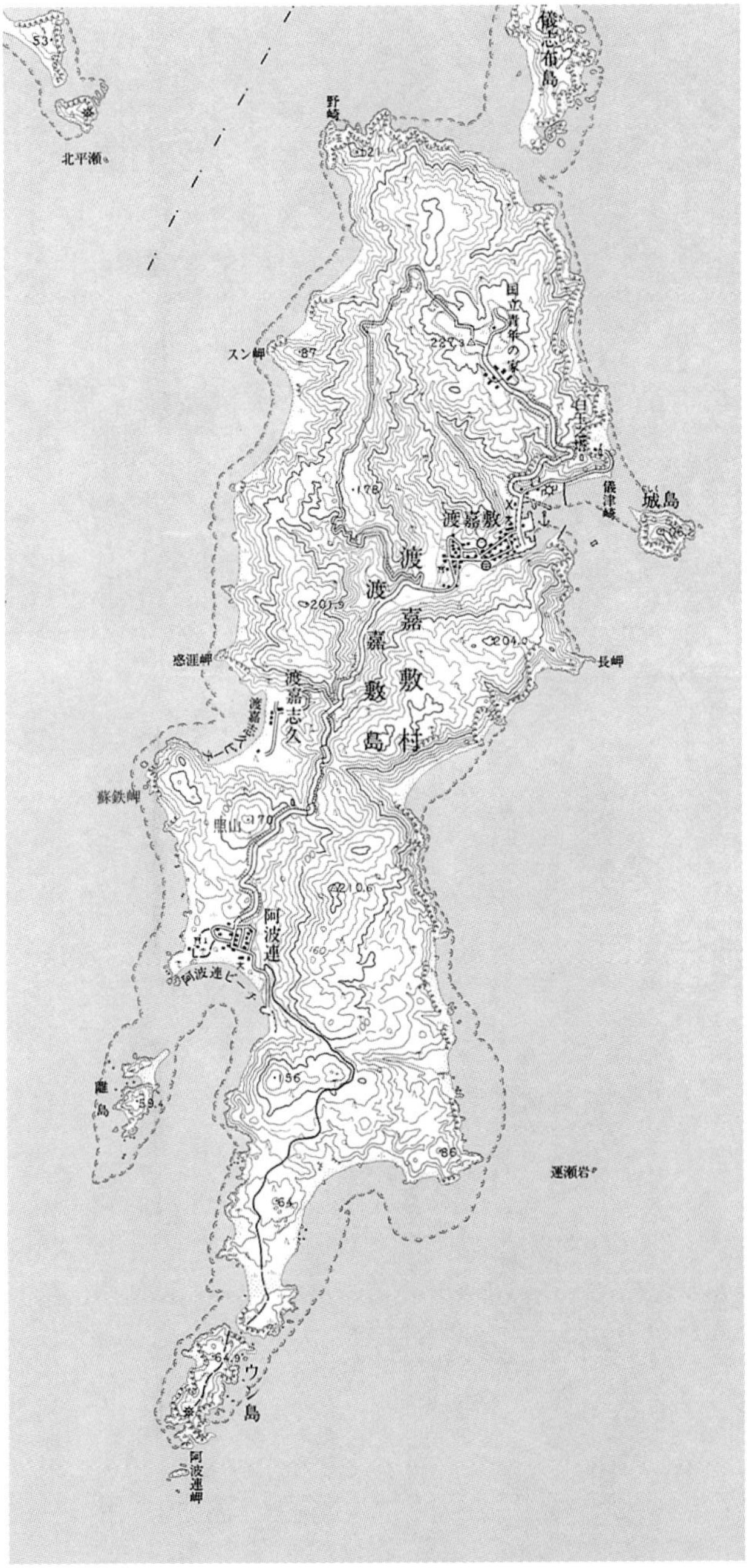

1：50,000地形図「慶良間列島」×0.75

慶良間空港と渡嘉敷島を結ぶマリンバス（旅客連絡用水上バス）は、島の南部の阿波連の波止場で客を降ろす。

波止場の前は、夏空の下に鏡のような水面をはるばると広げるラグーンの渚。浜の向こう端を限る四阿《あずまや》を載せた岩の岬と慶留間島の上に、一斉に立ち上ぼっている積雲《せきうん》の集団が、その水面にレースのカーテンのような明るい影を落としていた。

阿波連の集落にある小学校の外壁は、熱帯魚の絵がたくさん並んだ壁画のキャンバスになっていた。それを微笑ましく見ながら集落のせまい四辻を二〇〇メートルばかり北へ歩くと、道は今度は幅広の舗装道路となって、深い森に覆われた緑の山腹を一路駆け上がっていく。

渡嘉敷島は渡嘉敷村の主島、慶良間海峡の東を限る、長さ一〇キロほどの南北に長い島だ。長いだけでなく、面積も座間味島の二倍強（約一五平方キロ）と、慶良間の島々の中では飛びぬけて大きい。

島の背の部分を南北に縦断して続くこの道は、阿波連の集落を出外れると、海と島の眺めがいかにも良さそうな山越えの峠道と変わる。歩き始めていくらもしないうちに海側の視界が開け、それがアッという間に吸い込まれそうな紺碧《こんぺき》の海の広がりとなる。そしてそれとともに、沖合の島々や海岸部の見晴らしが目覚ましく展開してきて、歓声を上げさせた。

最初の山かげをまわったところで頭上に覆いかぶさってくる円錐形の丘（照山、標高一七〇メートル）と、その西側に突き出す岬（蘇鉄岬と呼ばれる）の一帯は、思いがけず小さな公園になっていた。といっても、ほとんど利用されていないらしく、終始まったくの無人。広場から先へ延びている遊歩道には、クモの巣がほしいままに張ってしまっている。それを仕方なく、次々と払いながら進む。

丘の南西方の小さな四阿のある高台の上まで行ってみたら、ひときわ見事な展望が待っていた。

前景を覆う松の緑の、新緑のような色の目覚ましさ。海峡のかなたには、後慶《クシキ》良間《ラマ》とも呼ばれている座間味村南部の島々が正面に列をつくって、左右にズラ

渡嘉敷へ行く道にて

リと並んでいる。左から順に、外地島《ふかぢじま》、慶留間島、阿嘉島、安室島。そしてその他、影になって見えているいくつもの島々。

外地島と慶留間島の背後には、慶良間諸島最高峰の久場島の岳が、高く聳えて見えている。空港の滑走路のある外地島の上面が真っ平らになっていて、それと好対照をなしているのがはっきりわかる。

正面の海の上では積雲がひときわ高く「爆発」している。空の青、海の碧と松のまばゆい緑、眺めの高度感、そしてその雲の浮遊感につられて、心までがフワフワと舞い上がっていきそうだ。

道路に戻って峠にさしかかっていくと、今度は左手の崖下に渡嘉志久ビーチの全景が見渡せる。両翼に緑の山脚《さんきゃく》を突き出し、その間の浜をモクマオウの並木が繋いでいる。道は文字通り島の動脈となって渡嘉敷まで続いているが、車はきわめて少なく、静かな雰囲気を保っている。こちらの海では前景の繁みがない分、礁の浅瀬が高い位置からきれいに見渡せるのがいい。

峠を越えて谷に降り、渡嘉敷の集落に入っていく手前で左に分かれて島の北部をグルリと一巡している道は、青年の家（国立沖縄青年の家）に行くためだけにあるような道。じつは青年の家のあるところに昔、米軍の基地があったのだ。取りつき部分の坂を登って丘の上に出てからは、ふたたび座間味島や安室島、阿嘉島あたりの多島海の眺めが眼を奪う。

北端まで行くと、野崎へと続く山腹の出っ張りの向こうに、粟国島と伊江島のタッチューと、本部半島の山なみが現れた。

そしてさらに、青年の家のある高台へ出ると、今度はそこに、全島森に覆われて横一文字に浮かぶ前島あたりの島嶼《とうしょ》列と、白亜のビル群を輝かせてその背後にえんえんと続く沖縄本島の島影が、無性に懐かしく見えていた。

知念沖に浮かぶ伝説の島

徳仁港〜カベール岬（久高島）

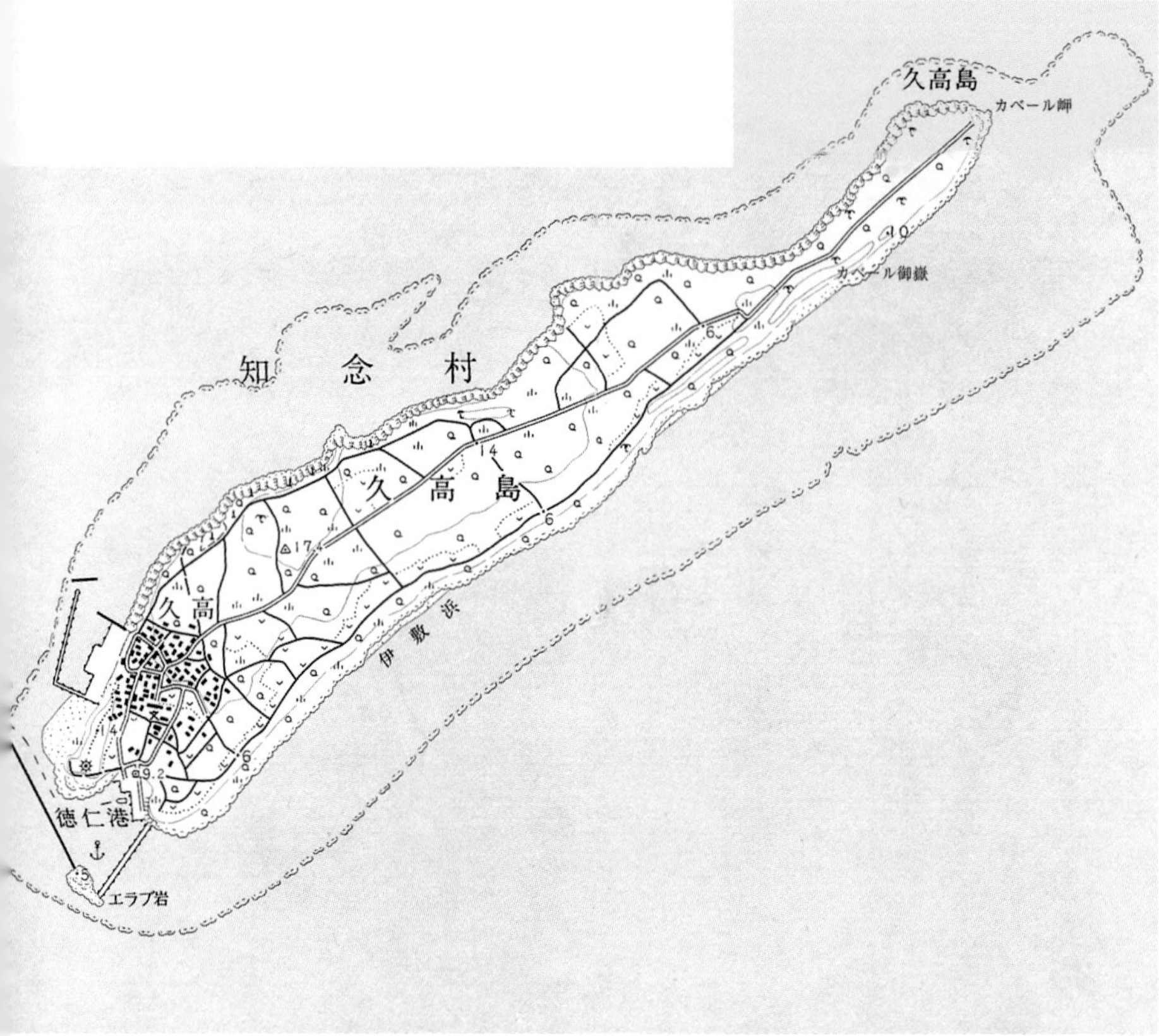

1：25,000地形図「津堅」「久高島」×0.95

沖縄本島の東側の海域は、西側のそれと比較すると、著しく単調になっている。金武《きん》湾と中城《なかぐすく》湾が、南北に長い沖縄本島の胴体部を、ひときわ細くくびれさせるように湾入し、金武岬、カンナ崎（勝連半島）、知念岬が、その結果として東へ大きく張り出しているのは単調ではないが、その沖合には伊計島から平安座《へんざ》島にかけての串刺し島嶼列と、浜比嘉島、津堅島、久高島などのいくつかの島が浮かぶだけ。金武湾以北には島らしい島はまったくない。

沖縄本島のはるか東にある大東島は、琉球列島とはぜんぜん成り立ちが違うのだから、今あげた一連の島々は、沖縄本島の東側にある島の、ほとんど全部なのである。

島の並びが単調ならば、成り立ちもまた単調だ。どれも琉球石灰岩からなる低く平らな島らしいのだから。

しかしこのうち久高島は、琉球開闢《かいびゃく》の地、神の島として知られていて、その意味で行ってみようか、という気をそそられる。有名であるにもかかわらず、観光地化されていないのもいい。

いまは知念岬の北の安座真港から船が出ている。

徳仁港の岸壁から坂を上ったところが久高島の入口。すぐ右手に待合所を兼ねた小さな売店があるが、船を待つ人もなく、すごく静か。その反対側では、風化してすっかり古ぼけてしまった案内板が、秋というのに真夏を思わせる暑さの下でけだるそうに立っていた。

家々は、背後の丘の上に小ぢんまりと集まって建っている。それを左手に見ながら集落の南側を歩いていくと、島の東北端の岬へ行く道が自然に始まっていた。

島の真ん中を同じ方向へ突っ切っていく白抜きの道路と違って、未だ舗装されていないサンゴ砂の道。右手には飛砂や風よけのためであろうか、フクギ並木が続いている。左手には小さな畑が帯状に続く。多くは自家用であろうが、ニンジンやスイカができるのだそうだ。

フクギ並木の外側（海側）は、アダンやモンパノキのひと拡がりの繁み。その繁みの下に、伊敷浜へ抜ける小径が何本もできていた。

浜はサンゴや貝殻のとくに大きな破片ばかりを敷きつめた、美しい浜。

少し行ったところでは、今度は水平に近い岩棚が海へ向かって張り出し、裾の部分が直接波に洗われるだけの面白い磯となる。これはベンチの磯浜だ。

そして今度はそれが、ボコボコとささくれ立った岩やトゲトゲの岩群を直立させた、荒々しい磯と変わる。いわゆるカレンフェルトの岩磯だ。

ヤブをくぐって道へもどるたびに、また道をはずして海側へ出るたびに、風景がクルクル変わる。その変化が面白い。そして時に、浜に咲くグンバイヒルガオが、それに絶妙な彩りを添える。

海浜植物のつやつやとした葉の緑色までもが、この海岸ではいっそう新鮮に見えた。

ここはニライカナイの世界から、五穀《ごこく》の種を収めた壺が流れついたところ。そこから出てきた種子たちは、あるものは国を富まし、またあるものは島に根づいて豊かな森をつくった。

岩場の上から数限りない風景と、眼の前に拡がる穏やかな海を眺めていると、いつか自分もそんな伝説の世界に迷い込んだような気分になるのだった。

畑が尽きると、道はアダンやガンピの自然の生垣が連なる中を一直線に貫いて、北のはずれの岬へと向かう。岬の手前では神降りの地として知られるカベール御嶽が待っている。

御嶽といってもクバ（ビロウ）の樹が、道ばたにこんもりとした繁みをつくっているのを見ることができるだけだが、このクバも五穀の壺に入っていたもののひとつ。村の近くにあるコバウノ森も、おそらくこのクバの繁みで守られた御嶽なのだろう。

岬の名はカベール岬。カベール御嶽もカベール岬もコバウノ森も、みな琉球の開闢神・アマミキヨゆかりの、あるいはアマミキヨが最初に棲みついたところとされる神聖な場所なのだ。

岬は草むした、あるいはアダンの繁みがその上を覆った岩の張り出しが、直接波に洗われているだけの誰もいない岬だった。行く手の水平線上には、津堅島と中城湾をとりまく小さな島々がかろうじて見えている。

左手の岩場の奥は知念半島。その突端に聳える須久名山あたりの岩峰群が、明るい空の下にひときわガキガキとした輪郭を見せていた。

カベール岬への道

徳仁港〜カベール岬（久高島）

徳仁港にて（行先標は馬天のまま）

伊敷浜

カレンフェルトの磯

カベール御嶽

カベール岬

久高殿

右・ベンチと海
左・繁みの先に伊敷浜

西銘崎・御神崎（久米島）

ナカノ浜の洲島より久米島の二つの山地とオーハ島を望む

御神崎灯台

サンゴの化石

御神崎から堡礁の海と久米島を望む

ナカノ浜にて

ナカノ浜とサバニ

畳石（奥武島）

久米島北西部から宇江城岳を見る

畳石のある浜

畳石の説明板

畳石と渚

柱状節理の近景

フニャフニャの畳石

西森の神社付近からフクギの村と南方の山地を望む

東集落と南方の山地

モチキビ

山側から突き出す岩体（東浜）

岩体先端の窓型の岩（メガネ岩）

西森～東浜――●（渡名喜島）

集落にて。愛らしいヒンプン

ヲモの崎とラグーン

西森を見あげる

ヲモの崎と磯

ラグーンの渡り道（ワタンジ）

高月山～安護の浦（座間味島）

安護の浦にて。岩堤は湾内の岩

安護の浦へ下りる道

高月山から座間味集落と南方の島々を望む

座間味島空撮

千枚岩

高月山東麓の道にて。安室島、外地島、慶留間島

高月山から安護の浦と多島海を望む

阿波連～渡嘉敷
（渡嘉敷島）

阿波連の集落と海を俯瞰

渡嘉敷島・照山公園から後慶良間の島々を望む

青年の家に至る道から多島海を見はらす

峠道から渡嘉志久ビーチを俯瞰

照山公園から阿嘉島と安室島

阿波連小学校にて

阿波連の波止場にて

III 沖縄本島・大東諸島

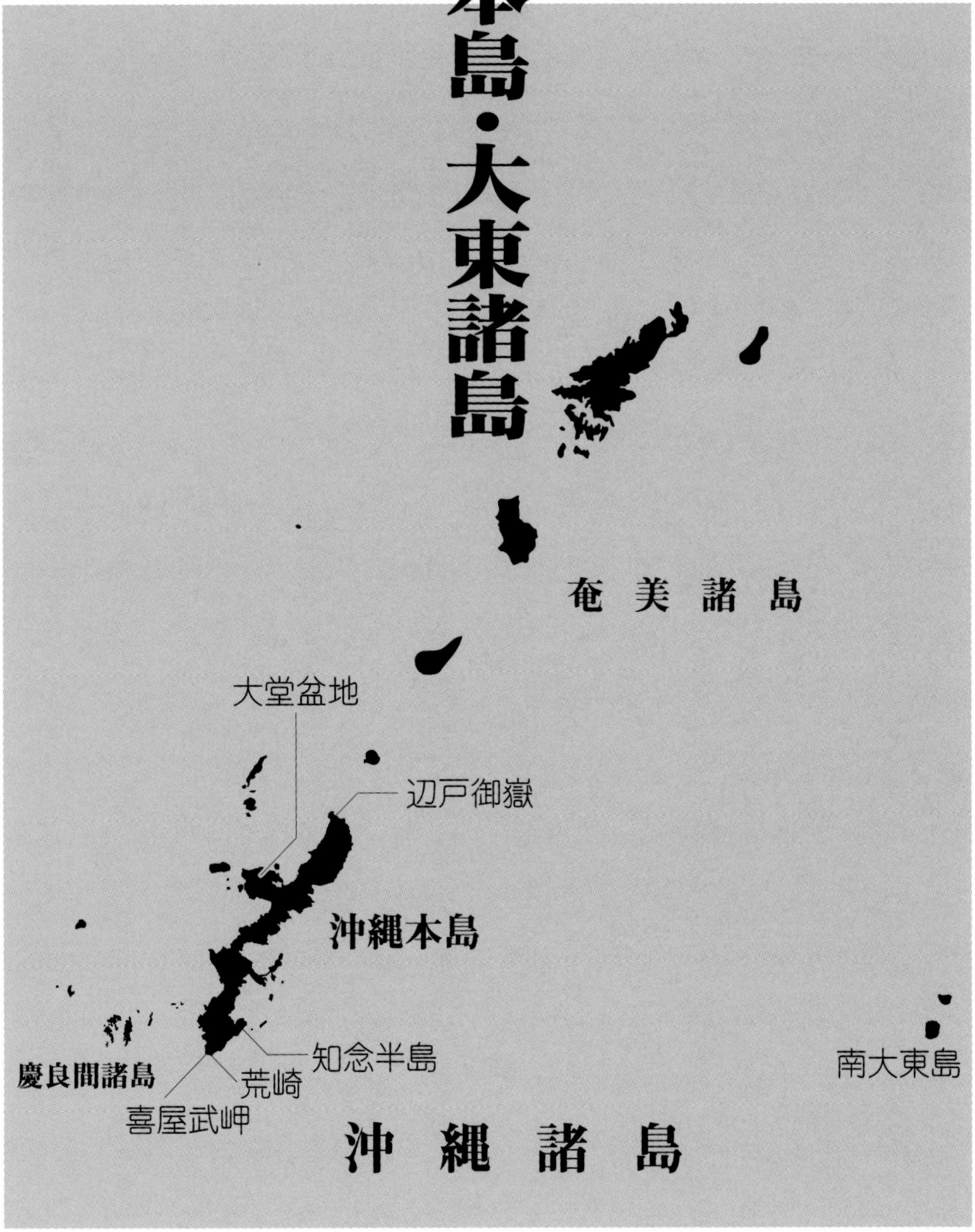

本島北端の山岳御嶽

辺戸御嶽（沖縄本島北部）

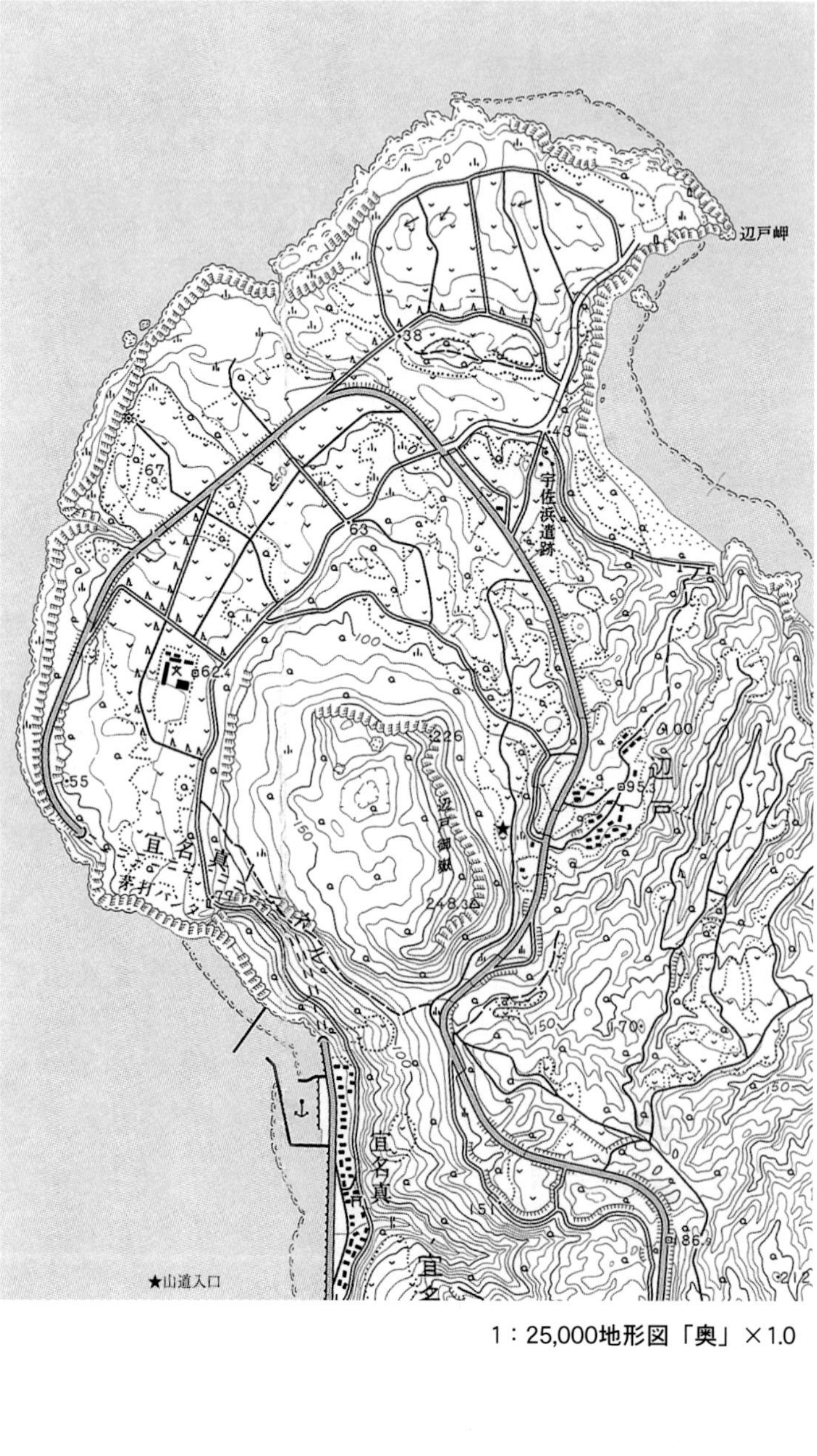

1：25,000地形図「奥」×1.0

辺戸御嶽は岩山。沖縄本島の北端が、巨大な石灰岩の岩体を天にそそり立たせて造った、見事な岩山だ。

岩体といっても、それは決して一つの単純な岩の塊でできているのではない。南から見ても北から見ても、ガキガキとしたいくつもの岩のピークに分かれていて、その独特の形が、見る者の眼をいやが上にもひきつけるのである。

山全体が御嶽となり、その結果、辺戸岳という山名よりも、辺戸御嶽のほうが優先しているのも当然のことである。

そしてそれだけでなく、山全体がじつは王冠のような形をしているのだ、と聞けば、実際に登ってそれを確かめてみたくなる。

だがその取りつきがどこにあるのかがわからなかった。黄金森のどこかにあるらしい、ということぐらいしか。

それで結局、行けばわかるだろう式のやり方で行くことになった（こういう時、辺戸岬を扱うことぐらいしか思いつかないガイドブックは何の役にも立たない、ということらしい）。

本島北部の辺土名の街から、辺戸御嶽の裾をほぼ三六〇度めぐって、東海岸の奥まで行っているありがたいバスがある。

辺戸の集落の入口でバスを捨て、山側へ分かれる森のなかの一本道を北へ進むと、それはすぐ左へ曲がって、辺戸御嶽の岩峰を眼の前に見晴らす畑のきわに出る。

そこから見上げる岩峰は、左から順に、アフリ嶽、シチャラ嶽、イヘヤ嶽の三峰。山は本当は、もっと多くの峰々からできているのだが、岩肌あらわにそそり立つこの三峰だけでも、すでに堂々たる風格だ。野良仕事をしているおばさんたちも、しばし手を休めてそれを見ている。

しばしの観賞の後、御嶽の足下を侵してその直下を南へ延びている小道をたどる。今にもなくなってしまいそうな野道だが、両側には畑がところどころにあって、道がヤブになるのを防いでくれていた。

その最後の畑が尽きて、道がほんとうにヤブになってしまったか、と思われた、その寸前のところに登り口があった。

もともとあったらしい階段は半ば風化して、自然に近いスロープ。ただ道自体はさっき、岩峰の中段あたりを崖錐の森がぐるりと取り巻いているのを外から見て、これは大変か、と思った危惧《きぐ》が、いいほうにはずれて、きわめて登りやすい。これがじつは石灰岩のご利益《りやく》で、岩の表面の凸凹が、どんな状態であっても足が滑るのを防いでくれるのだ。

あと少しで頂上、というところの左手に小さな洞窟があって、その前に小さな拝所があったが、結局登り始めてからわずか一五分で、岩の上に出た。

さらにそこから眼前に広がる山のいただき部分のパノラマを楽しみながら、やせ尾根の上をおっかなびっくりで伝って、シヌクシ嶽と呼ばれる岩峰の上（図の三角点のあたり）に立った。

シヌクシ嶽というのは、さっき下から見えていた三つの岩峰の、すぐ南にある岩峰である。今来た方角には、北から西へと向きを変えていく三つの岩峰の尾根列が、ガクガクとした岩のピークを持ち上げながら、内側に灌木に埋まった広い凹地をグルリと抱いていた。山は確かに、真ん中の部分が著しく凹んだ、王冠のような姿をしているのだった。

北の方角には、ナイフの刃のような形の岩の陸地を海へ向かって突き出しているのが印象的な、本島最北端の辺戸岬が、そしてさらに右手、直下に見下ろす辺戸の集落のはるか先には、薄い板を浮かべたような与論島も見えている。

凹地の対岸は、北のコバルトブルーの海とは対称的な、ほのぼのと暖かそうな滄海《そうかい》の海。その海の上に、ギザギザの山並みを大小一列ずつ浮かべているのは伊平屋・伊是名の両島だ。

そして南は、遠くに霞む地平まで深緑の樹海をはるばると拡げる、やんばるの山地。

シヌクシ嶽の最南端部の崖のきわまで行ってみると、そこではその山地が海へなだれ落ちていく部分の断崖のパノラマが、あらためて眼を見張らせた。

どれも、わずか一五分の登りとは思えない絶景だ。そして辺戸岬へ行く人は、一日におそらく何百人といるのに、この

茅打バンタから南方の海を望む

絶景を求めてここまで登ってくる人が一人もいないのはいったい？　という思いが、胸をかすめた。

　さてところで、通常は島のまわりを取り巻いたり、台地を造ったりしているはずの石灰岩が、なぜここでは二五〇メートルもの高さに上がっているのだろうか？

　じつはこれは今から一億年以上も前に、大洋底の上（の浅いところ）で堆積してできた、古い時代の石灰岩なのである。

　もう少し具体的にいうと、大洋底に載って運ばれてきた石灰岩が、大洋底そのものが大陸の前面で沈み込む時に（現在はそういう沈み込みが琉球海溝《かいこう》のところで起こっている）、沈み込みきれずに大陸の側に付け加わったもの。そしてそれが後に現在の位置まで高く持ち上がったもの、というわけだ（この意味では、本州の秋吉台や九州の平尾台を造っている石灰岩と成り立ちは同じ。また岩の種類や時代は違うが、伊是名島や伊江島の一部を造っているチャートの岩体とも山の造られ方は同じ、ということになる）。

　したがってそれが今、二五〇メートルの高さの山をつくっていたとしてもフシギはないのである。

　下りてからあらためて山を見ると、さっきの岩峰群が、その成り立ちを堅持《けんじ》するかのように、ひときわ高く聳え立っていた。

　御嶽の登頂を無事果たしたので、あとは岩峰の眺めの変化を楽しみながら、山麓の一周道路を西へ歩く。

　御嶽の北西麓の原野のなかに小学校が建っている。辺戸や宜名真の子供たちが通うのだろうと思って表札を見たら、名前がふるっていた。その名は何と、北国小学校！

　このあたりでは御嶽の岩峰は山側の崖に隠れて見えなくなってしまうが、その先では茅打バンタの断崖が、眼下に砕けるエメラルドグリーンの美しい磯と、南方に開ける豪壮《ごうそう》な海の眺めを用意してくれていた。

桂林に似たカルスト盆地

大堂盆地

（沖縄本島北部）

1：25,000地形図「仲宗根」「名護」×0.75

本部半島は、まわりの離島や少し離れた海岸から望むと、ほとんど高さ一定の高原状の山地に見える。

しかしそれは当たっているようでいて、じつは当たっていない。高原のように見えるのは、山地の高度がよく揃っていて、それがうまく重なり合っているからであって、平らだからではない。実際にはそれは、多くの丘や峰が林立してできている奥深い山地、でなければ谷や盆地が山々の間に複雑に入り込んでいる起伏に富んだ半島なのである。

名護から本部半島線今帰仁廻りのバスで四〇分ほど行った、北の今泊海岸から、大堂の盆地を通って西海岸の渡久地あたりまで、八キロあまりを歩いてみると、なかでも変化に富んだ内陸部の佳景《かけい》を楽しむことができる。

背後に広がる海や防風林をふり返りながら今泊からゆるい坂を登っていくと、やがて前方に、沖縄屈指の名城として知られる今帰仁城址の高い石垣が現れる。

この石垣は、沖縄の他のグスクで見かける石積み——通常のサンゴ岩や琉球石灰岩を積み上げて造った石積みとは、どことなく違う風格を持っている。それを見ながら山門をくぐって長い石段を登ると、本丸跡のある小高い丘の上に出る。

そこからの、さっきよりもぐんと拡がりを増した北方の海の見晴らしや、古宇利島から山原、辺戸岬を経て、伊平屋・伊是名の島々を一望する眺めが、しばし足を止めさせた。

だがしかし、それをただ何となく眺めるだけではフツーの観光客とおんなじだ。ここではさらにさっきの城壁のあたりから、内陸側に聳える山々を観察するのが面白い。

城址のすぐ南西に聳えているひときわ高い屏風のような山と、その右の長嶽あたりに見えているいくつかの孤立丘の風景が、なかでも印象的に眼に映った。

その屏風のような山峰は、上原の集落のあたりまで行くと、こんもりと盛り上がった円錐丘の姿と変わる。その南西に聳えている平頂丘《へいちょうきゅう》は文字通り平らな頂を持っているが、その平らな面の西端に載っているのはやはり鋭く尖った円錐丘だ。

この二階建ての山と、南側の丘陵地の間をせまい谷で抜けたところが、東西約一キロ、南北約〇・五キロの拡がりを持つ大堂盆地で、その入口付近からは、盆地の奥のほうを限る円錐丘群が、二つ三つ見えていた。

盆地は現在ほとんどが耕作地化されていて、サトウキビや電照菊や野菜などを作っている。

入口付近はなぜかほとんどが電照菊の畑で、農家の人々が年末の出荷を控えて消毒の作業に追われていた。花は咲いていなかったが、ここでは苗床の上にズラリと並んだハダカ電球の群れと、遠くに見える円錐丘群の取り合わせが面白かった。

こんな内陸部の山ふところに、なぜこんな盆地が開けているのか？　それはこの一帯が、今帰仁石灰岩と呼ばれる約二億年前の古い石灰岩でできているからである。

盆地は辺戸御嶽の頂部が大きく凹んでいるのと同じ、石灰岩が溶食されてできたカルスト盆地。円錐丘群は、これも溶食を受けてできたカルスト残丘《ざんきゅう》、いわゆる円錐カルスト丘、というわけである。

さっきの今帰仁城址の石垣も、おそらくこれと同じ石灰岩か、あるいはこの半島一帯で採れる似たような石材を使っているのだろう。そしてそのために、他のグスクとは違う風格を備えているのだろう。

盆地の東寄りの三叉路《さんさろ》のところにある丸い池は、石灰岩の溶食凹地（ドリーネ）に水が溜まってできた自然の池に違いない。いや、成因が何であれ、このカラカラに乾いた盆地のなかでは砂漠のオアシスといってもいい貴重な水景に違いない。そう思ってそこへ行ってみたところ、何とそこにあったのは、スリバチの壁に敷石が貼りめぐらされ、底の土がむき出しになっている、作りもののような凹地だった。

自然に干上がって、草茫々になっていたのをうまく利用したのか、強引に水を抜いて壁石をつっ込んだのか、それは知らないが、何ということだろうか。沖縄本島で唯一（？）と思われる貴重なドリーネ湖が消滅してしまったのは多分事実で、これが見られなかったのはほんとうに残念だった（あとで聞いた話では、ここは農地整備事業の一環として、農業用水池にするということだった）。

大堂の先の山里地区も、沖縄本島では「円錐カルストの里」としてとりわけ有名なところである。

ここには大堂のような大きな盆地はない代わりに、丘と谷がいっそう複雑に入り乱れていて、それがきわめて面白い。複雑な地形に合わせて、道が曲がりくねっているのもいい。

ここの円錐丘も大堂のそれと同じくいちめん緑の灌木で覆われているが、よく見ると上のほうでは石灰岩の白い岩肌が、あちこちでむきだしになっていたりする。しかも眼を凝らすと、その白い岩肌はナイフの刃先を集めたようにみな一斉に尖っていて、石灰岩であることがよくわかると同時に何だかゾッとしてしまう。

峠を越えると、行く手に満名川の谷の俯瞰がまぶしく開けてくる。盆地の底を歩き続けてきた眼には、この日一番の絶景だ。

逆光に輝く海の面《も》に、瀬底・水納の二つの島影。そのパノラマを見ながら、道はひなびた農家の点在する丘の斜面をゆっくりゆっくりと下りていく。

水納島の島影を半ば隠して、瀬底島の右手中景に一つだけ大きく聳えている円錐丘（一五二メートル丘）の姿が、とりわけ印象的だった。

盆地の入口付近から西方の円錐丘を望む

湾を見はらす断崖半島

知念半島（沖縄本島南部）

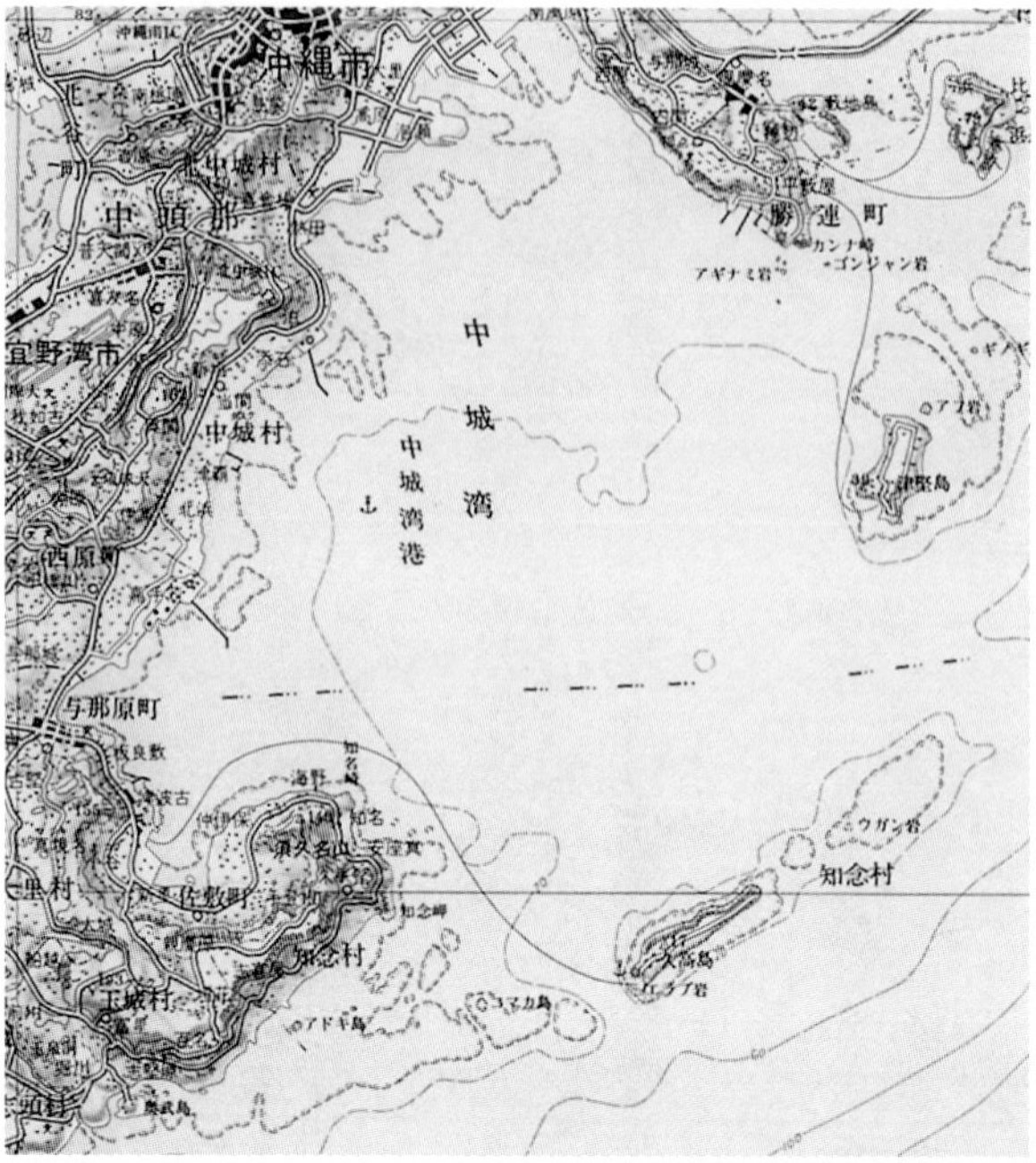

1：200,000地勢図「那覇」×0.8

1：50,000地形図「沖縄市南部」「久高島」×0.7

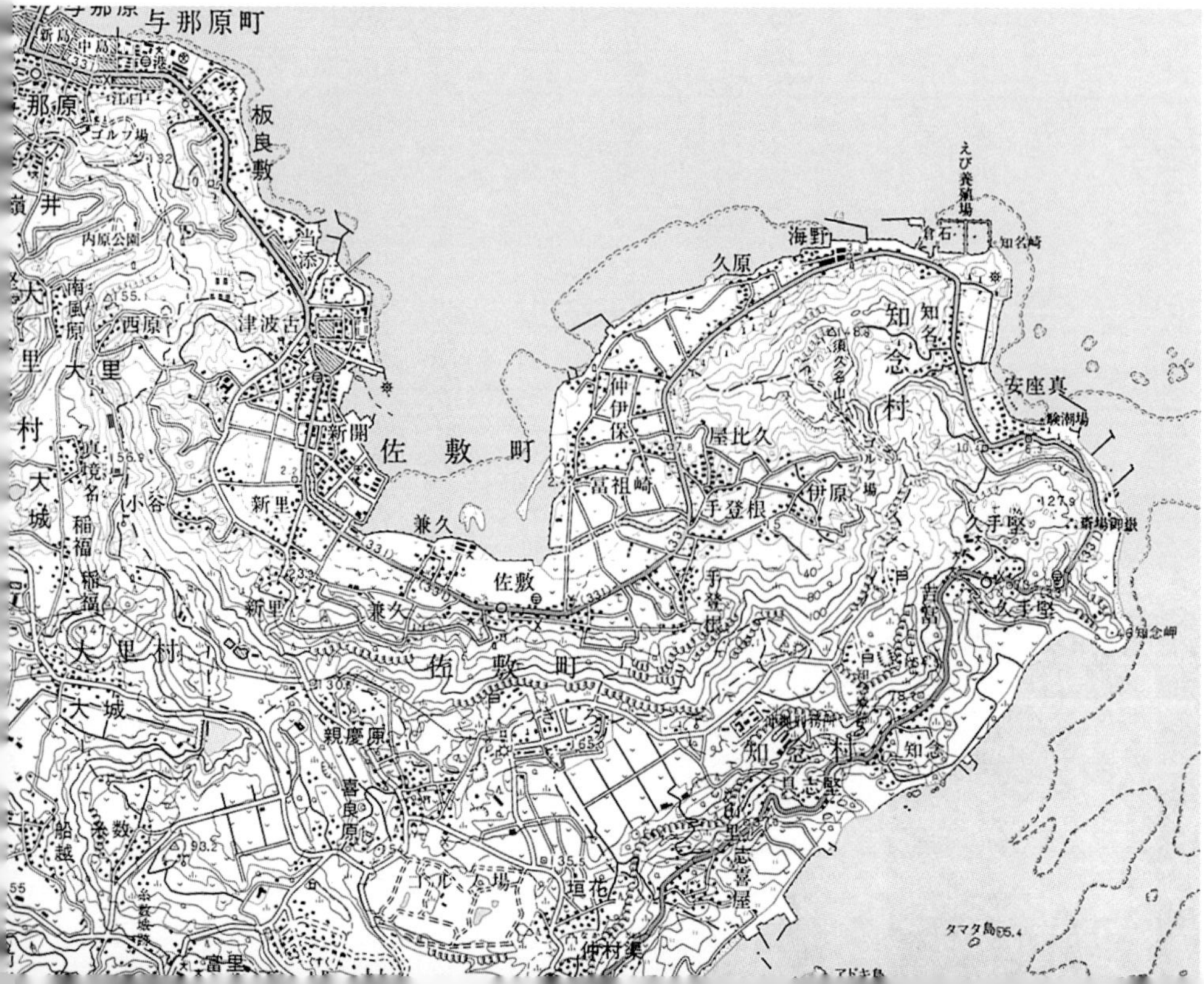

与那原から知念岬をまわって百名方面へと続く、沖縄本島南東部の海岸は、コンクリートと市街地の海に埋没してしまったような那覇―糸満間のそれと違って、のどかで明るい。

与那原から先で旅行者の眼を楽しませるのは、左窓に拡がる中城湾と、右手に続くサトウキビ畑、そしてその背後にえんえんと連なって空を半分隠している知念台地北縁の崖――実際は比高一五〇メートルぐらいしかないのに、三〇〇メートル以上もあるかと思われる見事な崖である。

佐敷町に入ると、今度は見上げるようなワシントンヤシの並木が道の両側に続いて、断崖と海と耕作地の眺めにいっそうの趣を添える。しかもこの道には、志喜屋線38系統などの那覇を起点とする路線バスが、日中でも一〇～二〇分間隔という驚くべき頻度で走っている。したがって気に入ったところでバスを下りたり、あちこちを散策したりすることが気軽にできて、ありがたい。

また佐敷の手前の新里から、台地を登って親慶原・百名方面へ抜ける山越えの道路に入れば（この道もバスが走っている。百名線39系統など。これもきわめて本数が多い）、登っていく途中や断崖の上から海を見晴らすこともできるから、さらに面白い。

台地面には親慶原や喜良原などの昔からの集落が開けている。またこのあたりは那覇への通勤圏でもあるから、新しい住宅地も多い。

眺めはいろいろなところで楽しむことができるが、たとえば自衛隊の基地の東の、「つきしろ」の崖あたりまで行くと、これ以上はないと思われるほどの極上の展望を得ることができる。

そこからは、中城湾を取りまく断崖と海のパノラマが、きれいに眺められる――高度感、広闊さ、おおらかさ、爽快さのどれをとっても申し分のないパノラマだ。湾の手前に大きく拡がっているのは、さっきそのあたりを歩いていた佐敷町の耕作地。その左手の兼久の浜のところに、小さな砂洲ができかけているのもハッキリ見える。

砂洲は小さいくせに、どちらももう一人前にモクマオウの林を載せている。そして左側の砂洲がカニのハサミのように丸まっているのに対して、右側のそれが箸のようにスーッと伸びているのが面白い。

さらに左手から湾の向こう側へ眼を転じれば、西原町から沖縄市へと続く沖縄本島の胴体部の山地が、そしてその前面には、海岸線を縁どる街なみが、あふれんばかりに続いている。

そのクッキリとした山地が次第に高度を減じていくかなたには、勝連半島がうっすらと横たわり、右手手前に聳えている須久名山の山峰の、はるか先の海まで横一文字に続いている。

須久名山の右手では、今度は久手堅あたりの無名峰が、グランドキャニオンさながらにけわしく尖った崖を印象的に突き出している。その向こうの海の上には少し大きめの島が、その一部を覗かせていた。方角から見ると、どうやら津堅島のようだった。

中城湾は、勝連半島とこの佐敷の崖にはさまれた部分が箱形に陥没《かんぼつ》したために生じた湾入なのだそうである。勝連半島の北で、やはり陸側に向かって大きく湾入している金武湾もじつはそうで、沖縄本島はいわばこの二つの大きな湾入ができたことで、極端に痩《や》せ細らされてしまっているのである。

そして自然の時間の長いモノサシで考えれば、同じような事件はまたどこかで起きる、ということであろう。

断崖は、外海に面した知念岬や、その南西方にも続いている。

知念岬から先の海岸は、地図を見ればわかるように、沖縄本島のまわりでは裾礁が最も幅広く発達している場所のひとつである。

しかしそれも、タマタ島の沖あたりまで行くと千切れ千切れの礁の列と変わり、そこから先はコマカ島（二・五万分の一図ではクマカ島）、エラブ岩、久高島、ウガン岩、津堅島などの小さな陸地を載せた、切れぎれの細長い礁の列と化す。

これらはいずれも、中城湾が陥没した

V字の天井

ために沖合に取り残されてしまった、陸地の残片なのに違いない。

安座真から先では、国道が崖の上に上がるので、海と島の眺めはさらによくなる。しかしこの断崖の上部には、沖縄随一の聖地として知られる斎場御嶽があって、一度行ってみないわけにはいかない。

この御嶽が人を引きつけるのは、よく知られているように、御嶽を構成する岩体（これも琉球石灰岩）の一部が、崖からはがれて海側へずり落ちているところがあって、そこにいかにも聖地らしい独特の空間ができているからであろう。

そこへ行ってみると、煙突ぐらいの太さの鍾乳石が壁から何本も垂れ下がっていて、それがまた異様な雰囲気を造っている。樹々の繁みに囲まれて、日中でもあたりは暗く、何ともいえない静けさと余韻《よいん》が、あたりを満たしていた。

トンネルの奥には三庫理という、幅と奥行きが三メートルぐらいのせまい空間がある。その空間の正面と右手は、上のほうが樹々の繁みで塞がれた石灰岩の垂直の壁だが、左手は繁みの向こうがポッカリと開いており、その空間を通して見える海の上に、久高島が浮かんでいる——すなわちここは「神の島」への遙拝《ようはい》所となっているわけである。

久高島はちょうどこの拝所から見ると、東の方角にある。太陽は、まさに島の背後から昇ってくるのだ。そしてそこにはニライカナイの楽土があるのだから、久高島が「神の島」と呼ばれているのはきわめて自然なことだ。

この拝所はたまたま海側が開いていたのをいいことに後から造られたもので、久高島が見えるのも単なる偶然に過ぎない。したがって今書いたことは単なるこじつけに過ぎない、とする説もあるにはあるが、そう言ってしまったのでは身もフタもない。なぜなら、キョウノハナと呼ばれるこのシンボル的な岩や、このような信仰がもしまったくなかったら、この御嶽は（少なくとも景観的には）きわめて平凡なものになってしまっていただろうから。

タイドプールの明媚な岬

喜屋武岬（沖縄本島南部）

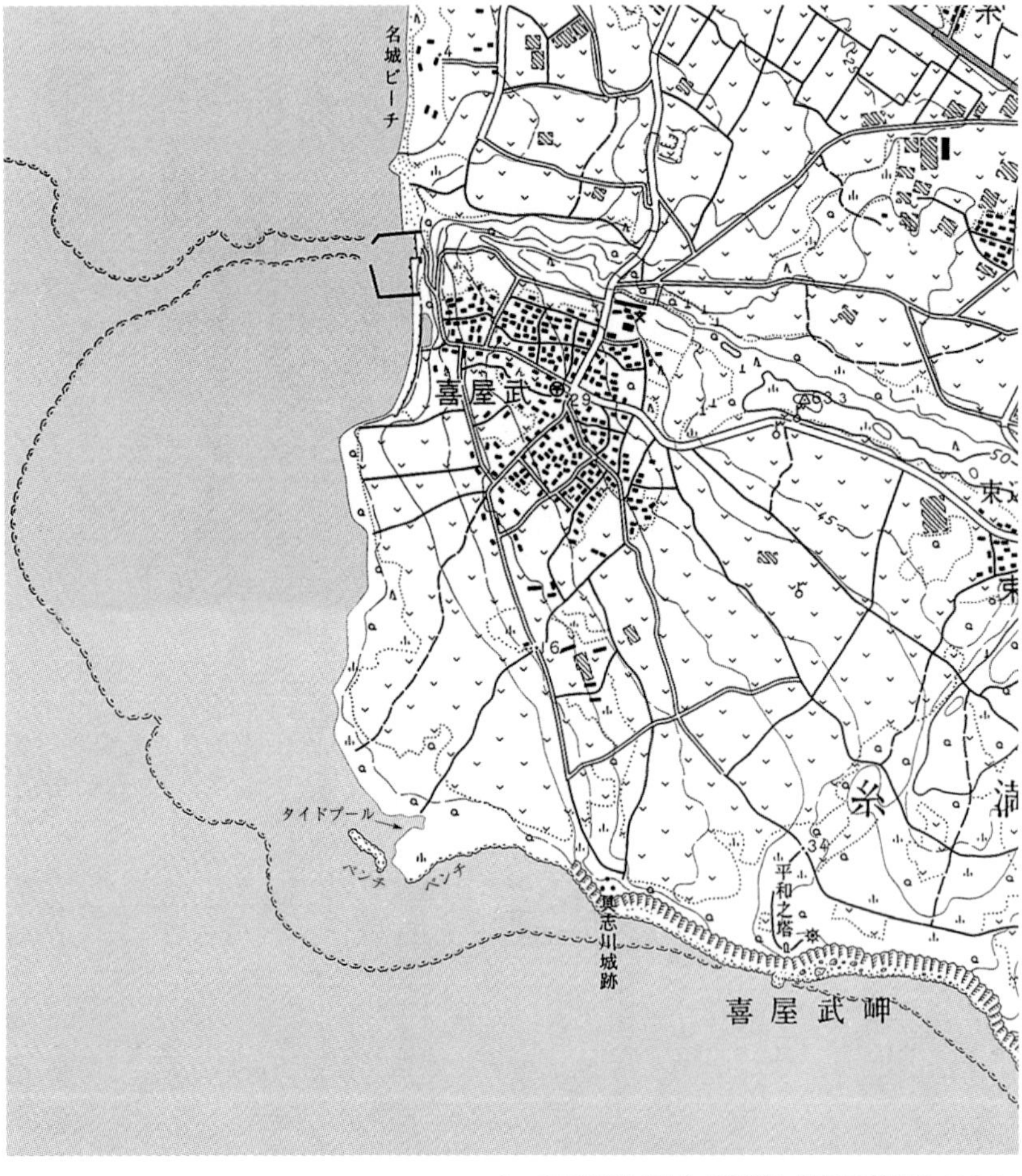

1：25,000地形図「糸満」「喜屋武岬」×1.0

休憩所付近から喜屋武岬

喜屋武岬は沖縄本島南端の岬。

その意味では記念すべき岬なのに、観光の対象とはなっておらず、訪れる人もめったにいない。このあたりで人の行きそうなところといえば、東方五〇〇メートルのところにある具志川城跡（ここはなかなかいい）と、その先の平和之塔ぐらいであろう。

地図上では、この平和之塔のあるところが信じられないほど大きな字で、しかも横書きで、喜屋武岬となっている。

確かにここには喜屋武岬灯台があるから、「灯台のあるところが岬」と考えれば、別におかしくはないが、地図を見れば一目瞭然であるように、ここは地形的にも雰囲気的にも岬らしいところではないのである（とくに平和之塔のあるところはその前面がコンクリートで固められていて、自然の風致が台なしにされてしまっているのだ）。

喜屋武の集落の南方の、岩盤が南西に向かって張り出したところを岬とするならば、ひとつ前の地形図がそうしていたように、小さな入江と岩礁の島のある岩の突出部のところを岬とするべきではないだろうか。

いずれにせよ、コンクリートで包囲された「岬」なんかより、自然のままの岩の張り出しのほうがいい。そして同じ行くのなら、出来合いのポイントへ車でただ乗りつけて去っていくのではなく、岬の前後を少なくとも数キロぐらいは歩きたい、と思った。

このあたりの海岸は、台地の末端が海へ向かって緩やかに張り出す海成段丘（海岸段丘）となっている。

まだ真夏のように暑い秋の日、喜屋武の郵便局のあたりから集落の西側へ出た。海のほうへ眼をやると、サトウキビ畑の向こうを黒土の畑と防風林が一段低く取り巻き、はるか南方へと続く海が、沖合の眼の覚めるような藍色と、白波で縁取られた手前のラグーンの水色とを印象的に重ねていた。

畑のきわからそちらへ向かう農道を辿ると、道は防風林を抜けたところでさらに下って、明るい水面の向こうに磯の岩盤を半島のように突き出させた、明媚《めいび》な海岸に出る。

　水面の左側、すなわち南側は、ほぼ平らに続く離水サンゴ礁の岩磯が、遠くに見えている森を載せた岩の突出部の足元まで、見渡す限り続いていた。その磯のボコボコとした窪みにできた潮だまり、すなわちタイドプールの群れが、ぬけるような青空を透き通るような青に映して、一時眼を向けさせた。

　磯の内側の乾いた岩場のところでは、水の風景はないかわりに、今度は黄緑色の芝草や、岩盤や岩屑の割れ目に咲く小さな花が眼を楽しませる。とくにこの海岸では、イソマツらしい黄色い花が小さく密集して咲いているのが何ともいえず可愛らしい。ところどころ、黄色の花の雲ができているところは思わず眼を見張るほどだ。

　にもかかわらず、歩いていて見かけるのは、旅行者でなくほんのわずかな釣人ばかり。ここは磯の海岸なので、水遊びをする人の姿すらない。

　さっき遠くに見えていた森の突出部をまわると、今度はすぐ先の岩影に、近在の漁師が作ったものらしい休憩所があるのが眼に止まった。

　これもまた、何ともいえず可愛らしい休憩所――炎天下の歩き続けが少々疎《うと》ましくなってきたので、そこをちょっと使わせてもらう。そして心地よい海風に吹かれながら、冷たい飲み物で一息入れることにする（結局ここではお昼時にかかっていたこともあって、食事を摂りがてら三〇分以上も休憩してしまった）。

　そしてその休憩所からは、岬らしい岩の張りだしがもう見えていた。

　それは差し渡しが一〇〇メートルぐらいもありそうな、大きなタイドプールを内側に抱く岬。タイドプールのまわりは低い岩棚になっていて、その岩棚を覆うクサトベラの緑や澄み切った空の色、そしてエメラルドグリーンやエメラルドブルーに輝く水の涼しげな色合いがとてつもなく美しい。地図の入江のところが潮位の加減でタイドプールになっているのに違いなかった。

　ここの岩棚は見たところ、高さが二メートルぐらいのガサガサした離水サンゴ礁の岩棚（ベンチ）となっているが、たった二メートルではあるにしても、前面が垂直に落ちるきれいな崖になっていて、離水したときの形をよく保存している。たぶん何千年か前の地震でできた段丘なのであろう。

岩棚の一つに登ってさらに先のほうに眼をやると、そこでは眼の前に蟠踞《ばんきょ》する低いベンチの先端部と、灯台を載せたはるか遠くの高い段丘の先端部が、うまく重なって見渡せた。

そして右手の海から陸続と押し寄せてくる波の先端が、眼の前の磯を長い水路で浸し、間もなく迎える満潮に合わせて、なおもその先端を、左手のタイドプールと繋ごうとしていた。

具志川城跡付近から喜屋武岬を望む

荒崎（沖縄本島南部）

人の行かない本島最南端の岬

岬への道は、帰りに辿った小道を推定で示した

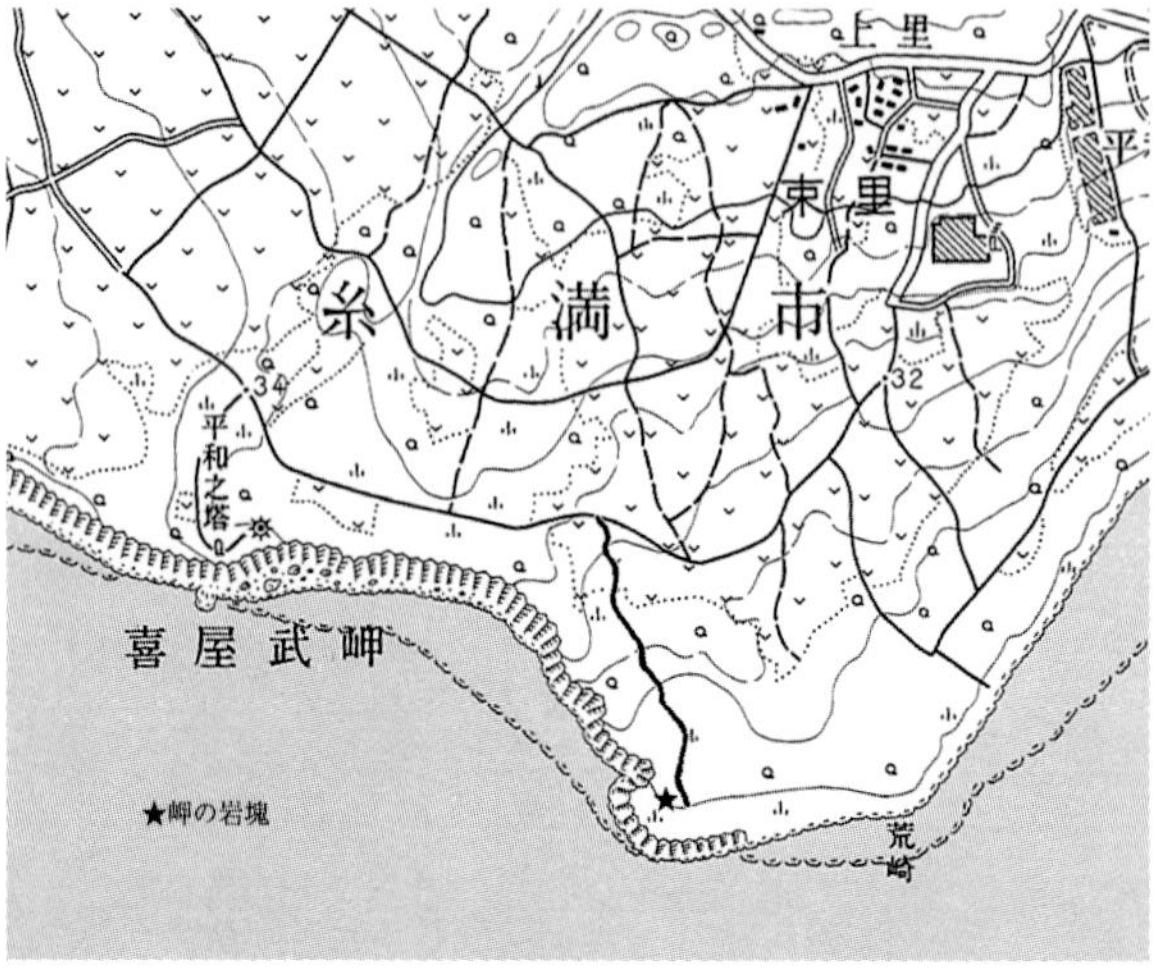

1：25,000地形図「喜屋武岬」×1.0

喜屋武岬は沖縄本島南端の岬だが、ほんとうの最南端ではない。東南東、一・四キロのところにその最南端の岬がある。名前は荒崎。

礁原につながる岩礁が、穏やかに張り出す喜屋武岬と違って、ここは海に向かってそそり立つ断崖。平和之塔のある高台（前述のとおり、今はここが喜屋武岬とされてしまっている）へ出ると、東に続く断崖とその奥に突き出す荒崎を見ることができるが、それをそうと知って見る（見ることのできる）観光客はまずいない。こちらは喜屋武岬以上に知られていない上、地図上にも道はない。

しかし、東の肩に近いところまでいく道ならあるし、海ぎわの部分はほとんど無植生か荒地（喜屋武岬を歩いた時の経験からすれば芝地）だと思われるから、最悪でも岩場伝いに行くことはできそうだし、方言ではアラサチといい、上里部落ではニライ・カナイの神を祀《まつ》った御嶽として、毎年ここから遙拝していると知れば、どこかに道があるはずだから簡単に行けるのではないか、という気になる。

焼却場南方にて。
ギンネムのヤブを分ける道

上里部落の南方には、糸満市の巨大なゴミ焼却場の施設がある。その南方は畑だが、実際にはギンネムの雑木林がジャングルのように生い茂り、そのヤブのなかを迷路のような道が通っている。

道はやがて尽きるが、南端に近いとおぼしきあたりからさらに見当をつけて畑のきわを辿っていくと、畑に入ってから二分もしないうちに、背丈よりも高い叢を両側に配した草道が現れる。荒崎は、その草道を歩いていった先だった。

叢を抜けたところは、眼の前にもう海が見えている海岸部の岩原、すなわち荒崎で、手前のほうはクサトベラとシバ草が繁茂する岩原となっている。対して先のほうではそれが、ゴツゴツの裸岩をむきだしにしたカレンフェルトに変わるのだった。

この日はいまにも泣き出しそうな曇天で、風も強く吹いている。そんな中で、ボンヤリと霞む海と水平線、そしてくすんだ色のカレンフェルトの岩原がいかにも寥々《りょうりょう》としていた。

ただこの海岸では、道が岩原に出てすぐのところに、一方の端が別の岩塊の上に乗り上げている奇妙な岩があって、それが何となく眼を引いた。どちらも琉球石灰岩で、乗り上げているほうは、厚さ一・五メートル、幅四メートルぐらいはあろうか。

左手のほうのカレンフェルトの岩場まで行ってみると、そこには「琉球胎鬼門」と書かれた小さな標石があるところがあった。意味がよくわからないが、これも何かを物語っているように見える。

岬の先端は、やはり垂直に海に落ち込む断崖だった。ただし、ここでは単純に切れ落ちているのではなく、下のほうにもう一段広いベンチが出来ている。下のベンチには、さっきからものすごい高波がたたきつけて、その上を水浸しにしているのだが、その先端で釣人が一人、黙々と竿を操っていた。自分の背丈の五倍以上もあるすごい長さの竿を操っている。どうやってそこへ下りたのかもフシギだったが、よくもまああんなところに平気で立っていられるものだ！

西側の灯台に近いほうは、ひときわ高

い断崖となっている。とはいえ、こちらは幅の広い礁原を持っているので、それにかき消されて波は穏やか。

しかしよく見ると、陸側の岩壁は鋭いノッチでえぐられている上、奥のほうでは泣く子もだまる大転石が累々と崖裾を埋めていて、いかにも「荒崎」らしい光景を造っていた。

岬の手前にあったゲタを履いたような巨石は、形と大きさから考えて、たぶん岬を乗り越えてきた津波が置き去りにしていった石——津波石なのであろう。

岬の巨石

フィリピン海に浮かぶスープ皿の島

在所～幕上（南大東島）

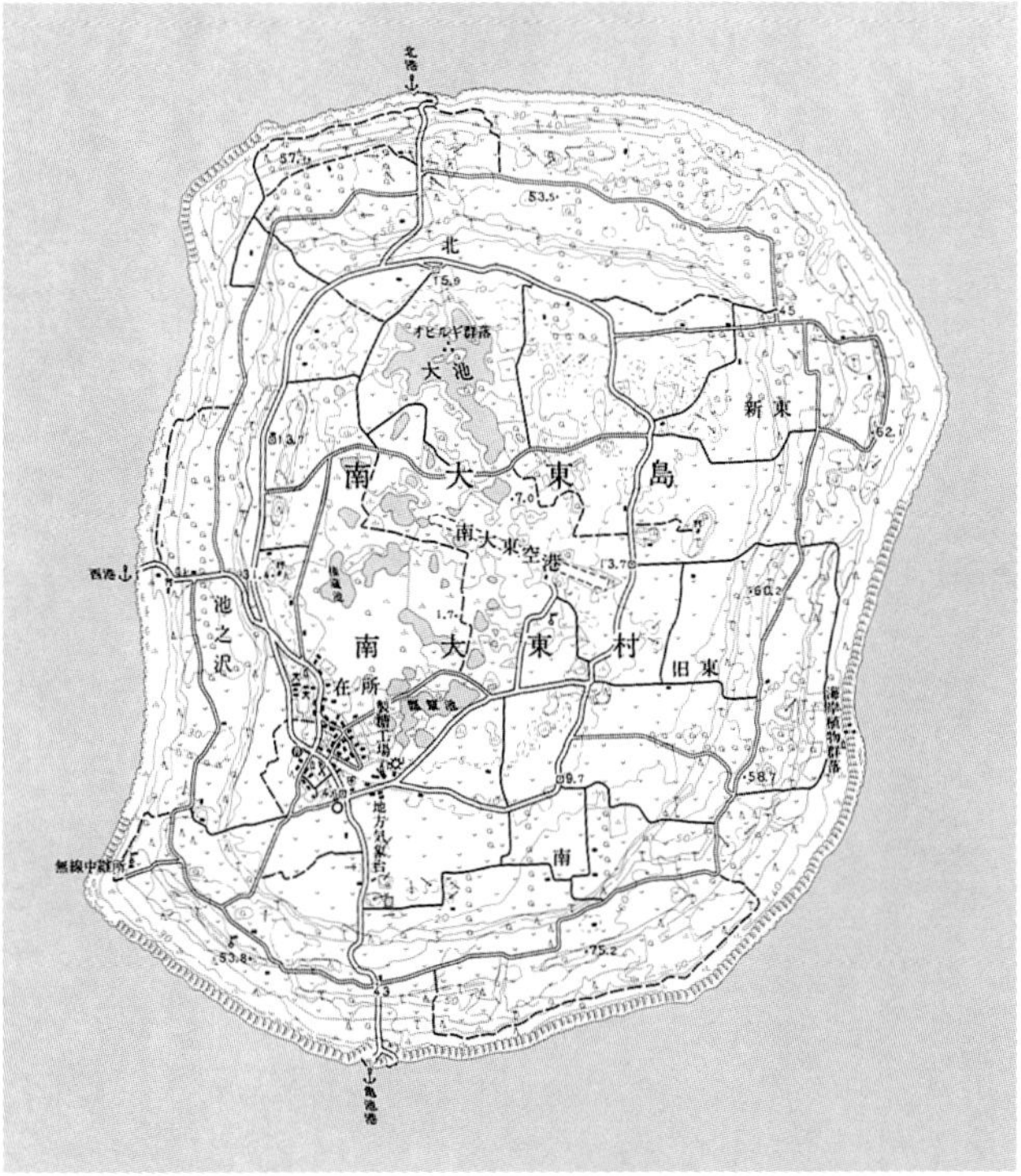

1：50,000地形図「南北大東島」×0.6

南北大東島は、琉球海溝のはるか東。沖縄本島から四〇〇キロも東へ離れた、途方もない場所にある。

そのためこの両島は、沖縄県の有人島としては珍しく、琉球列島には含まれない。浮かんでいる海はフィリピン海だ（琉球列島の東方の海は、一般には太平洋とされてしまうことが多いが、太平洋ではない）。

二つの島はどちらも、まん中の部分が著しく凹んだ、スープ皿のような姿をしている。そしてそのスープ皿のなかに、池や湿地がたくさんあるのが眼につく。

このことは地図を見ればすぐわかるし、あちこちに書かれているからよく知られている――スープ皿の形は隆起環礁の形をそのまま反映したもの。池は石灰岩の溶食窪地に水が溜まったもの。湿地は池が干上がったり、植物の埋積《まいせき》を受けて湿原化したところ、というわけである。

ただし、この二つの島は、かつて火山島などの島のまわりを取り巻いて発達していたサンゴ礁が、島の沈降とともに上方へ成長してできたものであることはほぼ間違いないとしても、その形は初期の環礁のドーナツ型の形をそのまま反映したものではないらしい（このことはどの本にもあまり書かれていない）。

　島の形を造っているのはどちらも新大東石灰岩と呼ばれる新しい時代の石灰岩だが、それが堆積して環礁の形ができたのは、間の海が陥没して、二つの島が別々にできる環境が整ってからあとのことであって、それ以前のことではない。

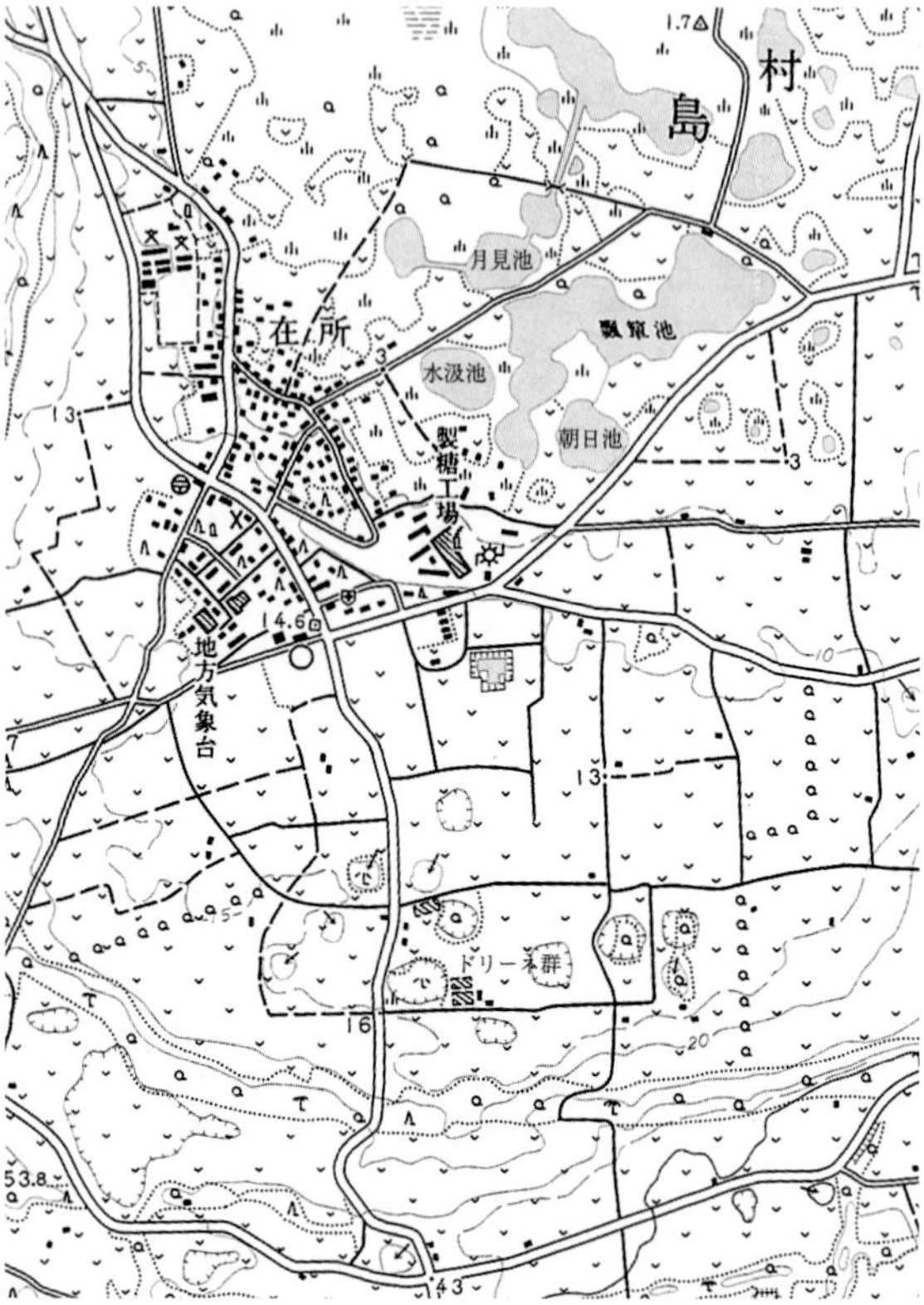

1：25,000地形図「南大東島」×1.0

　また島の土台を造っているのは、古大東石灰岩と呼ばれる、より古い時代の石灰岩だが、前述のことからもわかるように、この石灰岩はもともと一続きで堆積したものであり、しかも断層変位や褶曲や不整合《ふせいごう》的な侵食（一度陸化して削られること）を著しく受けていて、かつての環礁の形をよく保存しているとはいえないのである。

　したがって、島の基盤（土台）となるサンゴ礁ができ始めたのは五〇〇〇万年以上も前だが、現在見られる島の形ができたのは、せいぜい数十万年前にすぎない、ということらしい（実際の島の成り立ちはもう少し複雑らしいのだが、ここではあらすじだけを書いた）。

　いずれにせよ、水深が四〇〇〇メートル以上もあるような大洋底に根を持ち、赤道に近い場所から一〇〇〇キロ以上も北西へ移動してきたという、こんな型破りの島が沖縄県にあって、那覇から飛行機で簡単に行けるようになっているというのがありがたい。

そして島の見どころはいろいろあろうが、何を見、何を味わうにしても、これらのことを頭に描きながら、島の風土や風景を心ゆくまで味わうことは欠かせないであろう。

南大東島では、幕下《ハグシタ》と呼ばれる中央凹地の西寄りの部分に、池が集中している。なかでも在所のすぐ東北方には、耕作地や荒地のなかに大小の池がひしめき合っていて、まずそこへ行ってみたくなる。

村の南東方には精糖工場がある。その高い煙突を家々や畑の向こうに見ながら、沼のほうへまっ直ぐに延びている道をたどると、ハイビスカスやゲットウ、オオハマボウ、アダンやソテツの繁み、ヤシの高木、モクマオウの並木などが次々と現れて、歩く者を歓迎する。

それに感嘆しながら歩いていくと、やがて道端の繁み越しに青藤色の水を湛えた水汲池《みずくみいけ》が、そして月見池の空色や瓢箪《ひょうたん》池《いけ》の広々とした水面が見えてくる。

水汲池、月見池は円形に近い小さな池。対して瓢箪池は、これらより格段に大きく、モクマオウの並木を載せた半島を対岸から突き出したりして、より複雑な形をしている。

湖岸に散らばったりうずくまったりしている岩はすべて石灰岩で、それが水辺の風景に、独特の味わいを添える。いずれにせよ、日本ではここだけでしか見られないといってよい珍しい水郷風景だ。

円形の池はドリーネが、複雑な形の池はそれが連結してできたウヴァーレが、それぞれ沈水してできたものに他ならない。水郷地帯の北端にあって、四つの小島を抱いている大池も同じ成因で、ここは日本最大のカルスト湖沼群のある島なのだ。

瓢箪池のまわりをコの字型にまわり、朝日池のほとりを通って精糖工場のほうへ向かうと、かつて島を走っていたサトウキビ運搬軌道のオモチャのようなレールが、道に埋め込まれながらも今も残っているのに気がつく。

役場の南方の、幕上《ハグウエ》（中央の凹地を取り巻く周囲の環状の高まり）の崖を登る手前の耕作地には、水の溜まっていないドリーネがたくさんある。一六メートルの標高点のところから左（東）の小道に入って、底にバナナの樹の一団の茂る変わったドリーネを見つけたり、崖を登って幕上からスープ皿の島全景を見渡したりするのも面白い。

　このほか在所の北から池之沢の東を通って、北港へ行く道もよかった。

　役場の北方から、石造りの古びた倉庫の前を通って、車のビッシリと並ぶなかを一直線にすり抜けていく軌道敷き跡。

　その近くに、屋根つきの厚遇《こうぐう》で保存されているミニＳＬ。

　かと思うとこちらは炎天下で、野ざらしになりながら頑張っているＤＬ群。

　島の西側を取り巻いて発達する幕《ハグ》の、えんえんとそそり立つ崖壁。

　いったん幕上に出てから、ススキに埋まったその幕の切り通しをまた戻って、幕下の原野に出る時の風景の移り変わり。

　星野洞（鍾乳洞）へ行く途中でえんえんと歩いていった、見渡すかぎりのマージの平原と、サトウキビの収穫景。

　どれも忘れられない風景なのだ。

在所より製糖工場を望む

在所〜幕上（南大東島）

水汲池

在所にて。軌道敷き跡の土道

野ざらしのＤＬ群

幕上から幕下へ抜ける道にて

マージの平原

◀バナナの樹の茂るドリーネ

北国小学校

茅打バンタから崖下の海を俯瞰

辺戸西方から辺戸御嶽を仰ぐ

辺戸御嶽
(沖縄本島北部)

シヌクシ嶽から南望

在所の東北方の道にて。瓢箪池(南大東島)

御嶽の北半部の凹地と辺戸岬のパノラマ

ススキ原と御嶽

辺戸の集落を見下ろす。海上に与論島

大堂盆地（沖縄本島北部）

山里の円錐丘群

今帰仁城跡から伊平屋島を望む

円錐丘群の四姉妹

改修中の池（一九九九年一一月）

島原西方の円錐丘群

東早地付近から満名川の谷を望む。瀬底島と水納島

今帰仁城跡の石垣から内陸の円錐丘群を仰ぐ（上原西方の二つの丘）

知念半島（沖縄本島南部）

三庫理の遥拝所から久高島を望む

佐敷の断崖（兼久付近にて）

斎場御嶽の参道

喜屋武岬（沖縄本島南部）

喜屋武にて

喜屋武の集落の西から南方の海を望む

タイドプールの磯浜

キョウノハナのV字洞門（斎場御嶽）

知念半島北部のつきしろの崖から中城湾を望む

岬より東望。遠くの高い断崖上（写真ほぼ中央）に喜屋武岬灯台がある

岩場に咲くウラジロイソマツ

右　休み所
左　岬の潮だまり

●——荒崎（沖縄本島南部）

琉球胎鬼門

岬のベンチにて

荒崎を東望

ゲタを履いた巨石

岬の岩原より西望

荒崎から喜屋武岬方面を望む。転石群とノッチの風景

IV 宮古諸島

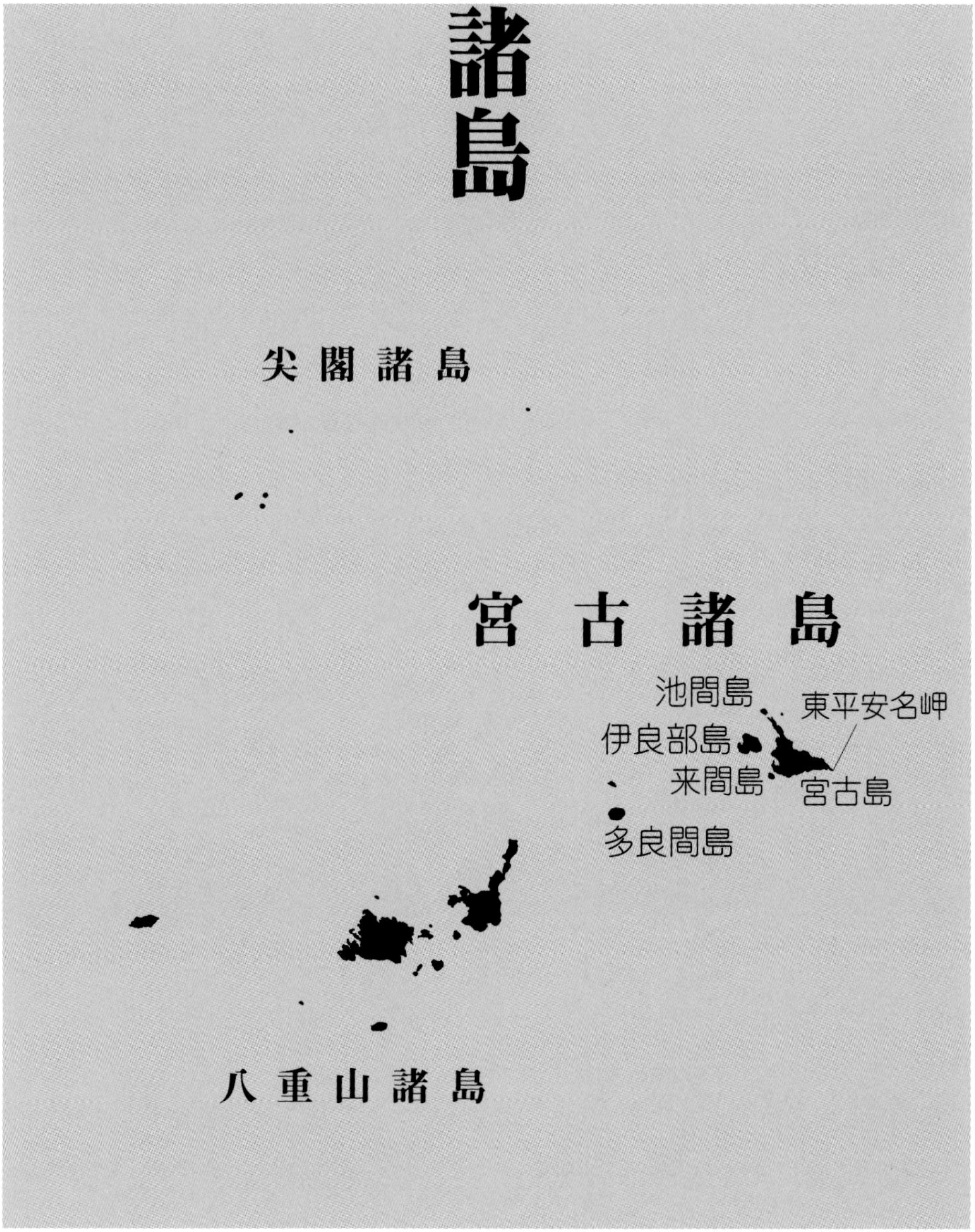

山稜と岩堤

野原岳（宮古島中部）

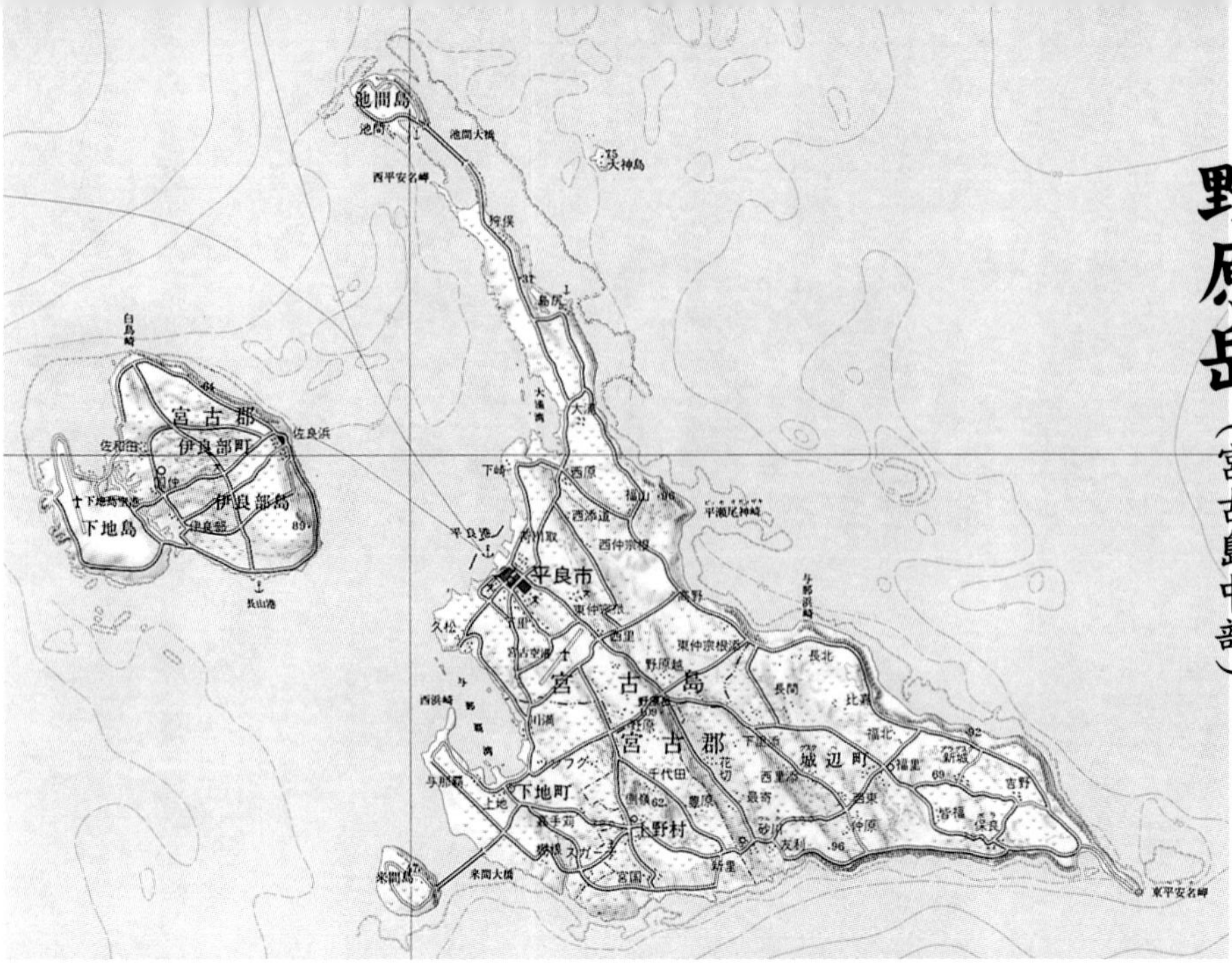

1：200,000地勢図「宮古島」×0.65

1：25,000地形図「平良」×0.8

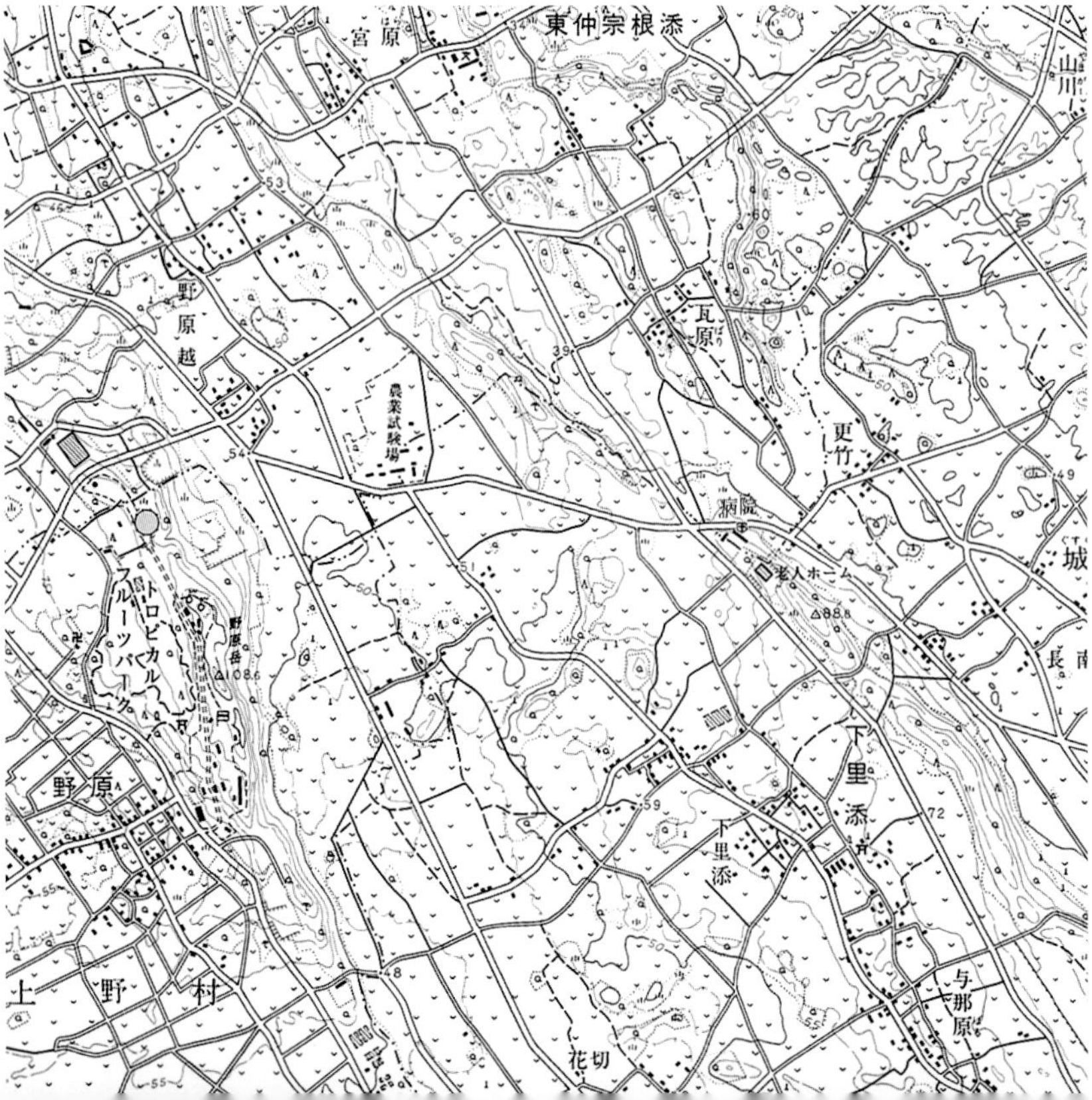

宮古諸島は、琉球列島のなかではほぼ例外的に、低く平らな島だけからなる。

圧倒的な大きさを誇る宮古島でも、最高標高はわずか一一四メートル。それもそのはずで、すべての島が琉球石灰岩か、でなければそれを堆積させたなだらかな基盤からできているのである。

しかし低く平らといっても、見渡すかぎりまっ平らで、なんにも特徴がないかというとそうではない。とくに宮古島では、北西―南東方向に走るいくつもの崖が、島を細長い短冊《たんざく》の束に区切っていて、それが間にはさまる細長い耕作地の風景と合わせて、宮古島の景観の最大の特徴となっているのだ。

しかもこの北西―南東方向の崖というのはいわゆる断層崖で、同時にそれは、片側が急峻《きゅうしゅん》な角度で落ちる細長い山稜の一部となっている。そして、断層のところが山稜になっているのがそもそも珍しい上、そういう景観がこれだけの規模で拡がっているところは日本には他にないのだから、じつは特徴的なだけでなくて、極めて価値が高いのだ。

だからまずこれを見なかったら、何のために宮古島へやってきたかわからない。

山稜の列は、地図上では一キロか二キロごとに現れる褐色の等高線の束として、明瞭に示されている。

規模の大きな山稜の一本が、平良市街のすぐ東から宮古空港のわきを通って南方の砂川付近まで、一〇キロ以上にわたって島を縦断している。

平良から乗ってきた友利行きのバスが、西里の南で山稜の東側へ出ると、目指す野原岳の高まりが、行く手の空の下に聳えているのが見えてきて、胸がはずんだ。

野原越の停留所でバスを捨て、五四メートル標高点のところから農業試験場へ向かう道を左に見送って、山稜の東側を南へまっ直ぐに延びている静かな舗装道路に入る。

野原岳は島のほぼ中央に位置している山だ。標高もこの山稜の高まりのなかでは一〇八メートルと最も高く、山頂一帯が自衛隊の基地となっている。道からは、レーダードームやパラボラアンテナ群が稜線の上を占拠《せんきょ》しているのが見えて、異《い》

野原岳の東面。断層崖の風景

彩《さい》を放っていた。

等高線が束になっているのは、山稜の側部が崖になっているからに他ならない。山稜の多くは西側が緩斜面、東側が急峻な崖になっているのだが、野原岳もまさにそうなっていて、その崖が明るい曇り空のすぐ下を仕切るかのように、はるか前方まで続いていた。

道路脇の畑が、サトウキビを刈ったあとの枯れ葉の空地になっているのに対して、崖の部分は鬱蒼《うっそう》と繁る森のベルトになっている。これはじつは野原岳以外の山についても言えることで、台地面のほとんどが耕作地になっているなかで、山稜の部分だけは森になっている。したがってこれらは単に地形的に目立つだけでなく、色彩的・風景的にもかなり目立つのだ。

少し先の、前景の枯れ葉の畑が青々としたサトウキビ畑に変わるところでは、今度は崖の表面の植生がところどころ剥がれて、垂直に落ちる石灰岩の肌をナマナマしく見せていた。

道の東側もサトウキビ畑で、そのさらにむこうには広闊なタバコ畑が拡がっている。野原岳をふり返りながらその農園のなかの小道を東へ向かって歩いていくと、今度はクロトンの海老茶とバナナの樹の繁る荒野の向こうから、真新しい病院の建物を載せた、野原岳のひとつ東の長大な山稜が近づいてくる。

じつはその手前に、低い切れぎれの岩堤が一本あって、山稜はそれと重なった形で見えてくるのだが、いったん北の車道に出てからその間の部分へ入ってみると、左右二本の岩堤が、サトウキビ畑の緑の低地をまん中にはさんで延びている、なかなかいい風景があった。そして、病院の前から道を外して北東の方角を望むと、東仲宗根添のあたりから、遠く長間あたりへと続く山稜列と耕作地の風景がはるばると開けた。

さらに病院の前の崖を東へ降りたところの道端には、このあたりの地下水脈の流れを示した説明板が立っていて、今降りた崖のところと、野原岳のところを断層線が走っていることが、黒く太い線でハッキリと示されていた。

山稜は堤防のように長く連なっているので、石灰岩堤とも呼ばれる。それは、サンゴ礁の海や、生きものたちに勝るとも劣らない、深い味わいを持っている。

景観散歩の面白さは、花や動物は可愛いけど、地形や地質や花の咲かない植物なんか、可愛くもなければ面白くもないなどという固定観念や思い込みから卒業して、ちょっとした岩や草の造作にも眼を配り、心を通わせることによって、一見取るに足らない大多数の風景のなかから意味のあるものや面白いもの、味わい深いものを見つけだす喜びにあるのだ。

宮古島北部の石灰岩堤列

東平安名岬（宮古島南部）

灯台と観光道路をのせる長蛇の岬

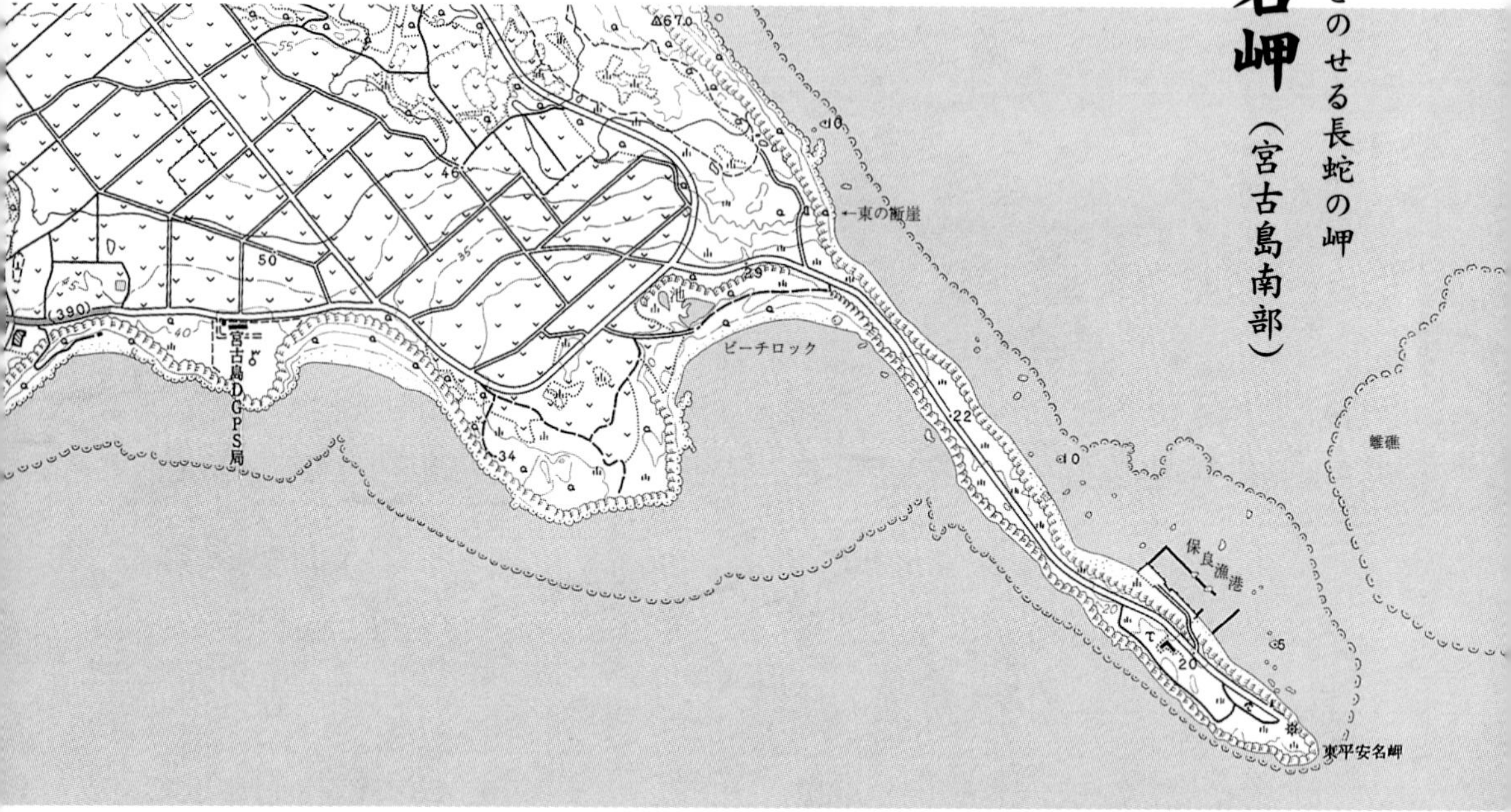

1：25,000地形図「東平安名岬」×0.85

保良から岬までは片道六キロ、往復で一二キロの歩行となったが、その労苦を感じさせない楽しい旅だった。

宮古島DGPS局の手前で右手に開ける海と断崖の眺めに加えて、沿道は色鮮やかな花の雲――フクギやモクマオウの並木に真紅のハイビスカス、そしてさらに色とりどりのランタナの花が、道端の防護壁をいちめんに飾っていた。

ランタナの花が後ろに過ぎ去ると、道はふたたび開ける断崖のきわから、浜の手前で人知れず光る二つの池と、海へ向かって長々と延び出す岬の全景を旅人に印象的に見せたあと、右へ曲がって、岬までまっ直ぐに続いている観光道路へ人をいざなう。

島の南岸の最終集落・保良までは、平良から路線バスが通っているが、そこから歩いて岬を訪れようとする人はほとんどいない。

それどころか、道路が整備されて灯台のすぐ手前まで車で行けるようになっているせいか、途中の部分はまったく素通りしてしまう人が多い。これは残念とい

東平安名岬は「あがりへんなざき」と読む。筆者がはじめて宮古島を訪れた一九八九年ごろには、まだこの言い方が結構使われていたように思う。最近ではこれが「ひがしへんなみさき」などと呼ばれてしまっているのは寂しく、また情けないことだ。

うよりほかはない。

とくにこの岬では、岬の先端部よりも手前のほうに豊かな自然が溢《あふ》れているのに、それに眼を向ける人がほとんどいないのはフシギとしか言いようがない。

たとえば岬の根元の観光道路の入口（一周道路から四〇〇メートルほど岬の側へ入ったところ）には、県の天然記念物に指定されている「隆起珊瑚礁海岸風衝植物群落」の説明板があって、この付近でその植物群落が見られることがわかるが、その看板にすら気がつく人はほとんどいない。

さらにここでは、観光道路から脇道にそれて東側の断崖のきわまで行ってみると、さっき見たのとは反対の角度から違った岬の風景を見ることになって、それが楽しいのだが、（ここは比較的よく知られた場所であるのにもかかわらず）実際にやって来るのはタクシーの運転手か案内者に連れられた、小人数の見物客ぐらい。

やはり大多数の人は、脇目も振らずに岬へ直行してしまうらしい。

その断崖上のポイントからは、さすがにさっき見たのよりも格段に形のきれいな岬の全景が望まれる。さらにここでは、サンゴ礁ラグーンの美しい彩りに加えて、その上に散在して眺めに趣《おもむき》を与えている多数の転石群や、岬の両側に拡がるカクテルブルーの水平線と、まぶしく白い砕波帯の調和が見事だ。

西側の断崖には、さっき手前に池を抱いていたひと拡がりの浜がある。こちらでは渚を取り巻くビーチロック（渚の砂が一部固結《こけつ》してできる鱗《うろこ》状の岩）が、やや遠目ではあるけれども素晴らしく発達しているのが見えて、思わず足を止めさせる。

岬へ向かって歩きだすと、両側は様々な姿態の亜熱帯植物や風衝草原、そして外側に拡がるサンゴ礁ラグーンの帯と、果てしない空と海との組み合わせ。

観光道路といっても車はそう多くはないので、車道の直線部分を終始歩いていってもよいが、半島の上一帯には、これとは別に遊歩道が付けられているから、それを歩けばさらに変化に富んだ散策が

断崖とラグーンと外海

楽しめる。

断崖が海に臨むテラス状の風衝地には、テンノウメやミズガンピが、岩盤の上にフカフカの群落のマットを拡げている。さっきの説明板にあった、稀少《きしょう》な植物だ。

アダンやクサトベラなどの比較的背の高い木のある場所では、長い草だけが叢生したり、テンノウメの中に草がパッチ状に混ざっていたりする草原となる。その中に点々と立つハマウドや、ソテツの集団などに眼を向けながら歩いていると興味が尽きない。

三月に入っていたので草原には花も多く、ピンク色のハマボッスやノアザミ、そしてテッポウユリも次々と眼に入ってきて、歩く気分を高揚《こうよう》させる。

岬の五〇〇メートルほど手前には、保良漁港がある。左下に間もなくその漁港と、少し離れてさらにその外側に、白波に縁取られた大きな離礁《りしょう》が見えてくる。

集落から飛んで離れたこんなところに、なんで港を造ったのか、それは知らないが、ともかくこのあたりの海岸には礁原上に巨石がおびただしく散乱していて、よく見るとそのうちの二つが防波堤上に乗っている。

岩塊は半島の上面にも乗り上げていて、岬の景物として欠かせないオブジェとなっていた。

灯台から見下ろす海と、岬の先端部。礁の浅瀬と転石。その浅瀬を陸続と渡ってくるレースのカーテンのような白波が涼しげに眼に映る。

ふり返ると、宮古島の本体が遠い空の下に平らなスカイラインを大きく左右に拡げて、手前のやせ細った岬と見事にドッキングして見えていた。

だが一方では、直径が一〇メートルぐらいもある陥没ドリーネの大穴が、灯台の西のたもとに開いていて、思わずドキリとさせられる。

それが、岬の先端まできて最初に見た、巨大な石灰岩半島の「虫食い」の現場だった。

西に傾く石灰岩堤

来間～西浜（来間島）

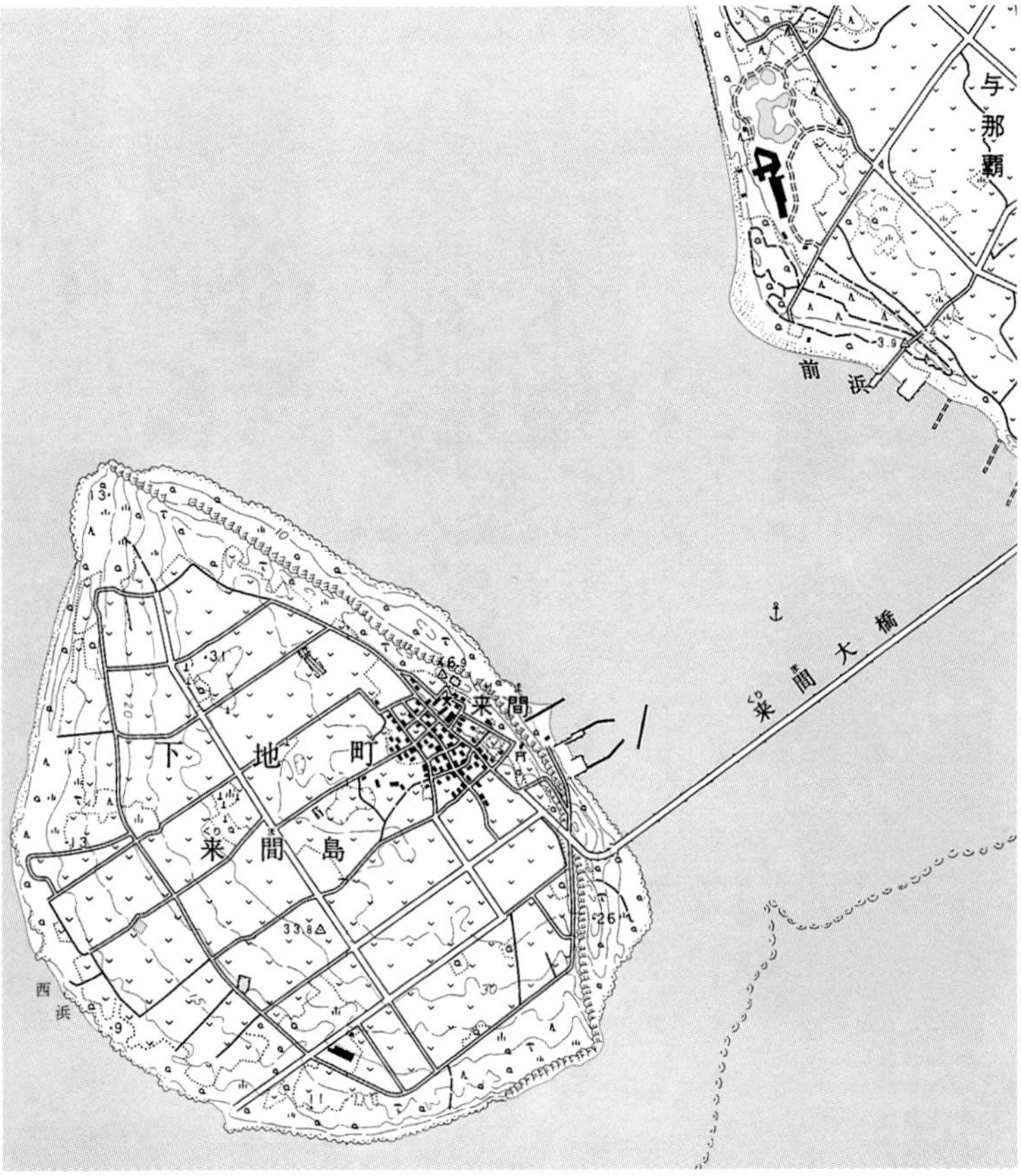

1：25,000地形図「上地」×0.8

来間島は、農道橋としての長さが日本一といわれる来間大橋で宮古島とつながっている。長さは一六九〇メートル。

三月半ばの強風の吹き荒れる日、いちめんに波立つ海を両側に見ながら、宮古島から走らせてきた車で橋を渡った。

橋は幸い通行止めにはなっていなかった。来間の集落に入って少しすると、風はだいぶん治まったかに見えた。が、小学校の裏手の、海を見下ろす高台の上に上がると、海からふたたび猛烈な風が襲いかかってきて、身をたじろがせた。

だがしかし、その風の向こうに見えているのは、白砂の美しさでは宮古島随一といわれる与那覇前浜と、地図にその外縁を描くことを諦めさせるほどに広いサンゴ礁の内海。

そしてそれが左手遠くの伊良部島から、来間大橋の向こう岸のはるか先まで渺々《びょうびょう》と続くかなたに、遠く、野原岳のレーダードームや森や木立ちを載せて横たわる宮古島の拡がりが、はるばると見渡された。

来間島は与那覇前浜のすぐ前面に浮か

アロエの畑

ぶ、小さな島にすぎない。にもかかわらずその東岸からこれだけの見晴らしがあるのは、言うまでもなくこの高台が、海から四六メートルの高さでそそり立つ断崖の上に位置しているからである。

島は宮古島本島の短冊と同じく、東が高くて西が低くなっている。すなわち東から西へ向かってゆるやかに傾く平らな岩盤でできているのだ。

そしてそのことを知れば、島が一枚の石灰岩堤でできていることや、いま立っているこの場所が、段丘崖でなくて断層崖（この崖は横から見ると、海側が帽子のつばのような低いベンチで縁どられていて、あたかも段丘崖のように見えるので）であることは、誰の眼にも明らかというものだ。

昭和四九年に、宮古島から上水道（海底水道）が届くまでは、島の人たちはこの断層崖に付けられた急な階段を上り下りして、崖下に湧き出す泉（クリマガー）まで、水を汲みにいかなければならなかった。

島に電気が来たのも、電話が使えるようになったのも、昭和四〇年代の半ば過ぎという、比較的最近のことである。

来間大橋が開通したのは、ようやく平成七年のことだったのだ。

高台を背にして集落を抜けていくと、反対側の海岸へ向かって、まっすぐに下りてゆく道の一本が、眼の前から始まっていた。

沿道は、一部にビニールハウスも載る広闊なタバコ畑やサトウキビ畑。行く手遠くに見えてきた水平線を目指して、なおも島を横断していくと、道は海の手前に立ち並ぶ一群れの防風林を抜けて、西側の浜に出る。

こちらは東岸とは打って変わって、低い磯と浜が規則正しく交替《こうたい》する、穏やかな海岸だった。

きらめく海と果てしなく澄んだ青い空。そして海へ向かって唐突に突き出す琉球石灰岩の真っ黒い岩と、ザラメのような白砂。そしてここでは何よりも、岩場を浸す岸近くの水が、美しく涼しげだ。

浜のすぐ内側では、アダンやモンパノ

キが、要塞《ようさい》のような高い垣根を造っている。そのおかげで、さっきまでの強風もウソのように止んでいる。

観光客は誰もいない。のどかにのどかな午後の海岸風景――。

道が浜に出るところに停めてあった車の中で男が一人、座席を倒して気持ち良さそうにヒルネをしていたが、その車もこちらが道へ戻るころにはどこかへ消え去った。

帰りは、来た道の一本南の道をたどって、村へ戻る。

黄色い花をそろって咲かせているアロエの畑や、モクマオウ、バナナ（バショウ）、ハイビスカスやセンダングサ、タバコなどが、のどかな耕作景を造っているのを見ながらブラブラと戻っていくと、もう村。

琉球瓦の家は、この島でもだいぶん少なくなっているが、その代わりここでは、昔懐かしいタバコの乾燥場（コンクリート製の古びた箱型の建物）をあちこちで見ることができて、それが面白かった。

ここは知る人ぞ知るタバコの島でもあるのだ。

来間西方の耕作地

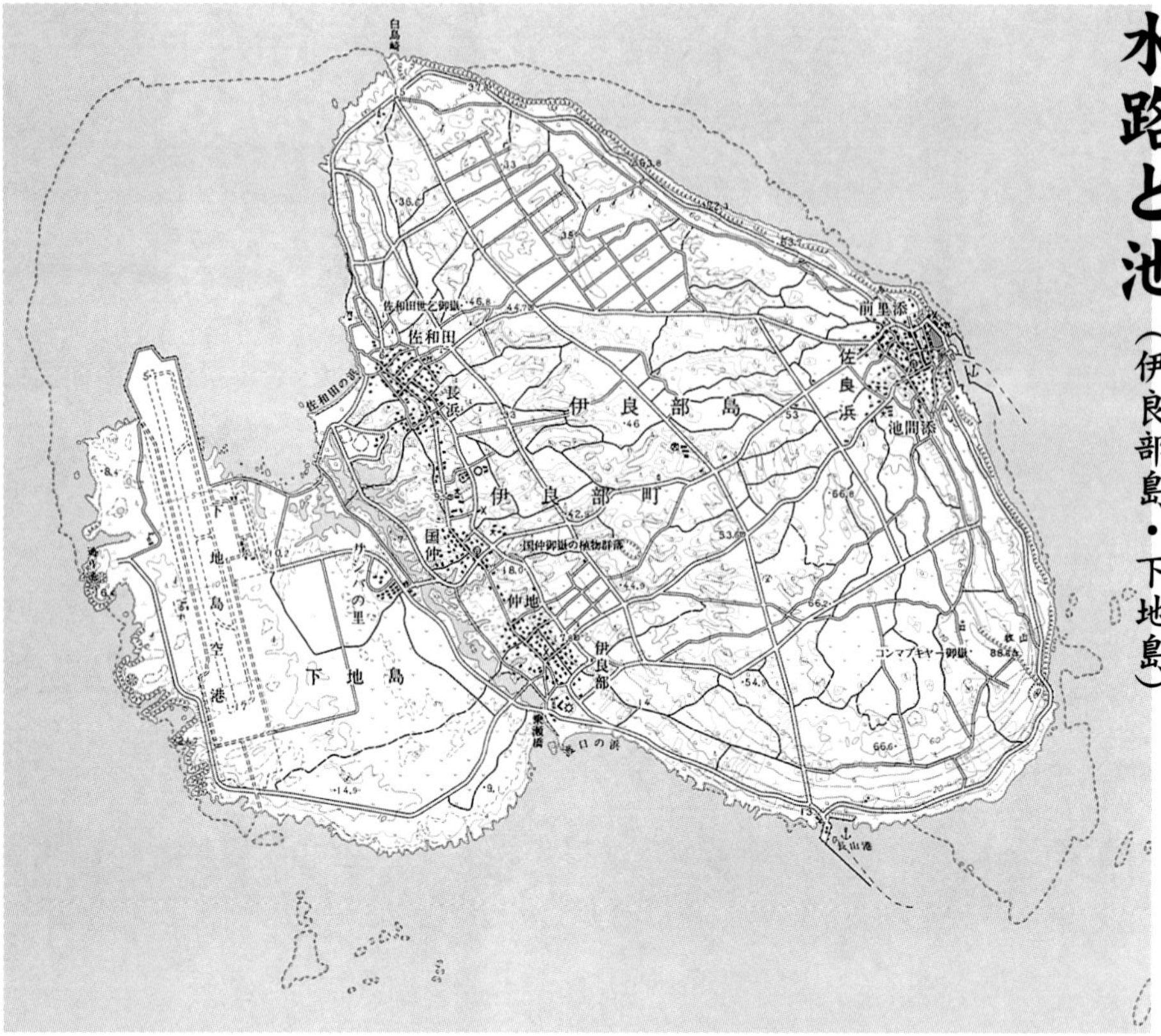

1：50,000地形図「伊良部島」×0.6

沈水と溶食の見事な造形

水路と池（伊良部島・下地島）

伊良部・下地の両島は、ほとんど一体化しながら別々になっている島の配置にも増して、間に入っている水路の存在が、まず印象的だ。

水路の形が複雑なのは、多数の枝状または葉っぱ状の水面が、不規則な形の湾入を両側の陸地へ向かっていくつも食い込ませて、いわゆる溺《おぼ》れ谷の地形を造っているからだが、それらの枝状または葉っぱ状の水面は、水路の形を複雑にしているだけでなく、じつは陸上部分に発達している水の流れのない谷、すなわち涸《か》れ谷ともつながって、一層奇妙な景観を造っている（二万五千分の一図を、水路の両側の等高線の走り方に注意して見ると、素人でもわかる）。

琉球列島では、ここと奄美諸島の徳之島で典型的に見られる、珍しい河谷型のカルスト地形だ。

下地島の西岸にも、岬と入江が複雑に交替する、変化に富んだ海岸ができている。ただしこちらでは、波の激しい侵食で、海ぎわの部分はほとんど断崖と化しており、またその内側には、溶食や陥没

1：25,000地形図「伊良部島」×0.9

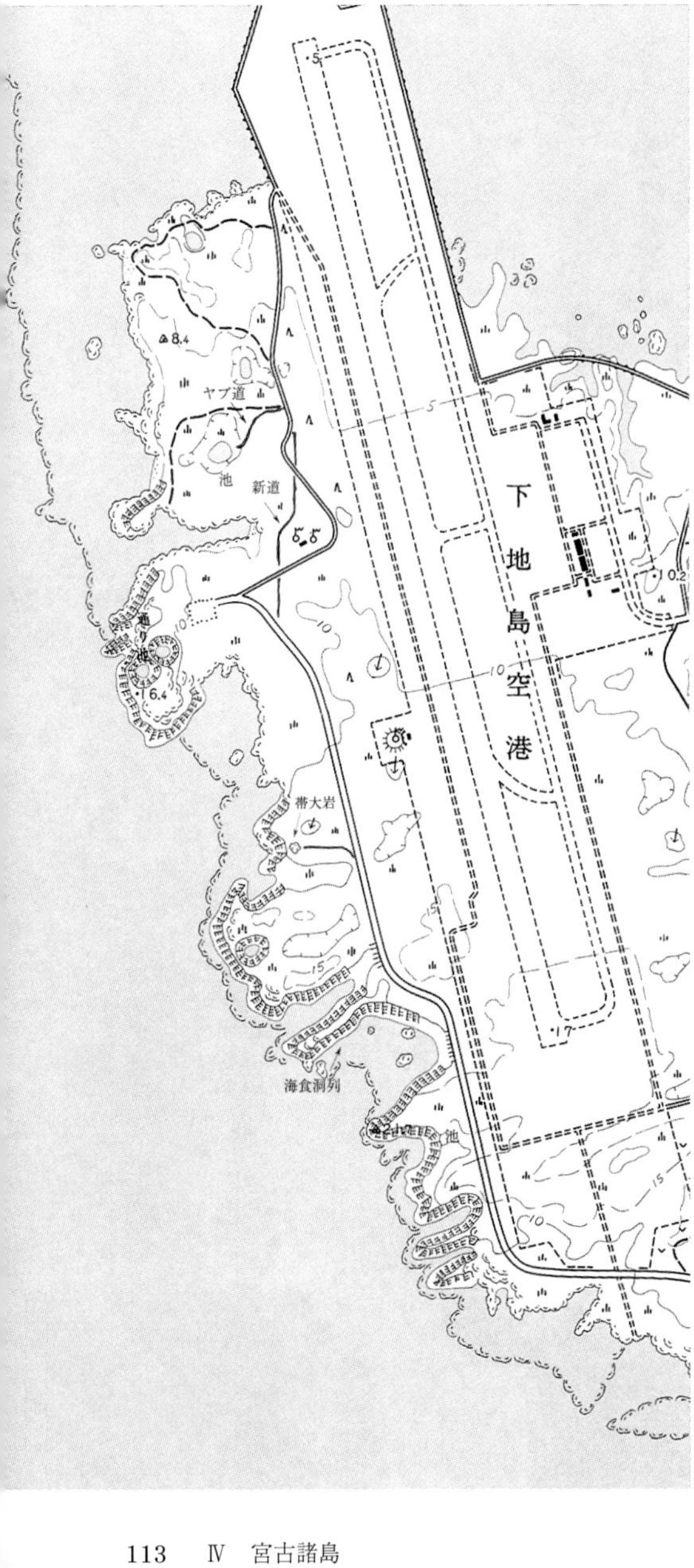

でできたらしい小さな池があちこちにあって、下地島空港の滑走路がかなりの部分を占めているだけの島の、貴重な景物となっている。

通り池は観光地になっているので、多くの人が行く。しかしあまり知られていないその他の池も、少なくともいくつかには小道または踏み分け道が通じているので、それを知っていればやはり容易に行ける。

島の南西端の角のすこし北西側に、二一・七メートル三角点のある小さな岬がある。その岬の南東の根元近くに、なかでも最も簡単に行けると思われる第一の池（地図には描かれていない）があった。

それは島の一周道路が（地図上で）浅い谷を横切っているところの途中から、海側へ向かって降りていく小道を二、三分。灌木の緑の美しい琉球石灰岩の岩原のなかを下っていくと、海のすぐ手前に比高数メートルほどの岩の高まりができている。

池は、高まりの手前にできている窪みの底の暗い部分に水を湛えて、しかし手前の部分に明るい空を映しながら、訪れる者を待っていた。

海側から見た帯大岩

近づくと池の底は、水の中にオブジェのように置かれている二つの岩の水中部分とともに、透けるように見えていて、深さはおそらく数メートルほど。これは多分、岩の天井部分が陥没したためにできたドリーネ湖——いわゆる陥没ドリーネ湖だろうと思われた。

一周道路にもどって北のほうへ歩いていくと、今度は左手に、三角点のある岬の北に大きく湾入している入江と、その北に槍のように長く突き出た細長い半島の全景が見えてくる。

その半島の横腹に、トンネル状の横孔（おそらく海食洞《かいしょくどう》）が、七個ぐらいもズラリと並んでできているのが眼に飛び込んできて、人を驚かせる。このあたりの岩場がいかに孔だらけで、またいかに侵食や溶食を受けやすいかを印象的に物語る風景だ。

これに対し、その北の幅の広い半島の先端にある、通り池とよく似た顔つきをした丸い池は、（筆者が現地を歩いた限りでは）どうやら道がついていないらしく、簡単には行けそうもない。池のすぐ東側の、横に長い凹地はサトウキビ畑で、その西端からヤブを漕《こ》いでいけば最短距離でそこへ行けるのかもしれなかったが、アダンの葉の針ヤブも密生していることだし、あまり時間を取られたくなかったので、無理をするのはやめにして先へ行く。

サトウキビ畑の北は、センダングサの繁茂する荒れ地。その荒れ地の向こうに横たわる台地の上に、とんでもないものが——遠くから見てもかなりの大きさと分かる、とんでもない大きさの岩が見えて、人を誘っていたのだ。

クサトベラのベルトを両側に配した参道を見つけてそちらのほうへいくと、それは根元の部分に赤い鳥居を祭らせている巨岩で、高さが一二・五メートル、胴まわりが六〇メートルもあるという、世界最大の津波石だった。

一七七一（明和八）年に、宮古・八重山地方を襲った「明和の大津波」で打ち上げられたという巨石で、推定重量は約五〇〇〇トン。岩の側部のノッチの入った部分がちょうど帯を締めたように見え

通り池

ることから、地元ではこれを帯大岩（オコスゴビジー）と呼んでいる。

他の多くの津波石が、飛行場建設のために爆破され、消失したなかで、唯一残された貴重な津波石で、今ではこれが島の守り神となっている。それにしても、手前に立っている説明板の「…置き土産としての津波の威力を推《お》し知るべし…」という記述が、何ともナマナマしく、また衝撃的だ。

岩の背後の外海に面する断崖のきわまで行ってみると、崖のはるか下にはノッチの入った岩体が海に向かって突き出す磯の風景があった。

おそらくああいうところの岩盤が、さっき見たような溶食や海食で根元から切り離され、本体から分離して、胴まわりが六〇メートルもあるような、ノッチ入り巨石を造ったのだ。そしてそれが、津波の途方もない威力で一瞬にして打ち上げられ、運ばれて、崖の上や内陸部に定着したのに違いない（明和の大津波では島の全部が波で洗われたという説もある）。

さっき見たささやかな池は、そうした侵食や溶食の初期段階がつくった、琉球石灰岩の自然の芸術品なのだった。

通り池の東方では、地図にない新しい道路ができていて、道すじが一部改良されている。通り池を見たあと、もう一つ北の池を見ようと、ヤブになりかかっている小道を見つけてなかへ入っていくと、それは途中から大きく南へ曲がって、池の東岸まで達していた。

こちらはアダンやモクマオウの暗いジャングルのなかに光る水を湛えた、いかにも知る人ぞ知る、という感じの原始的なドリーネ湖だった。

沼と縦孔

池間湿原（池間島）

1：25,000地形図「池間島」「西平安名岬」×0.7

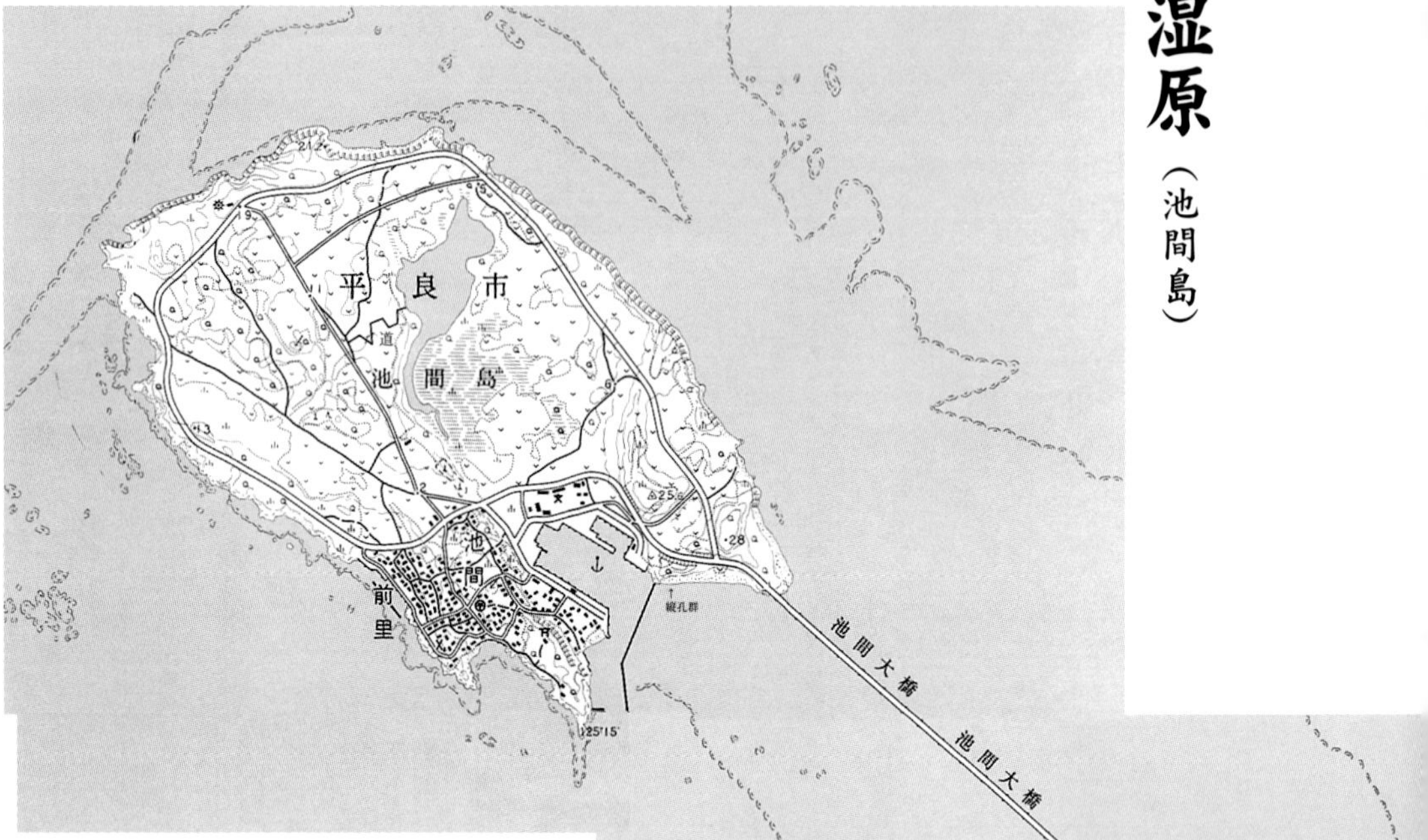

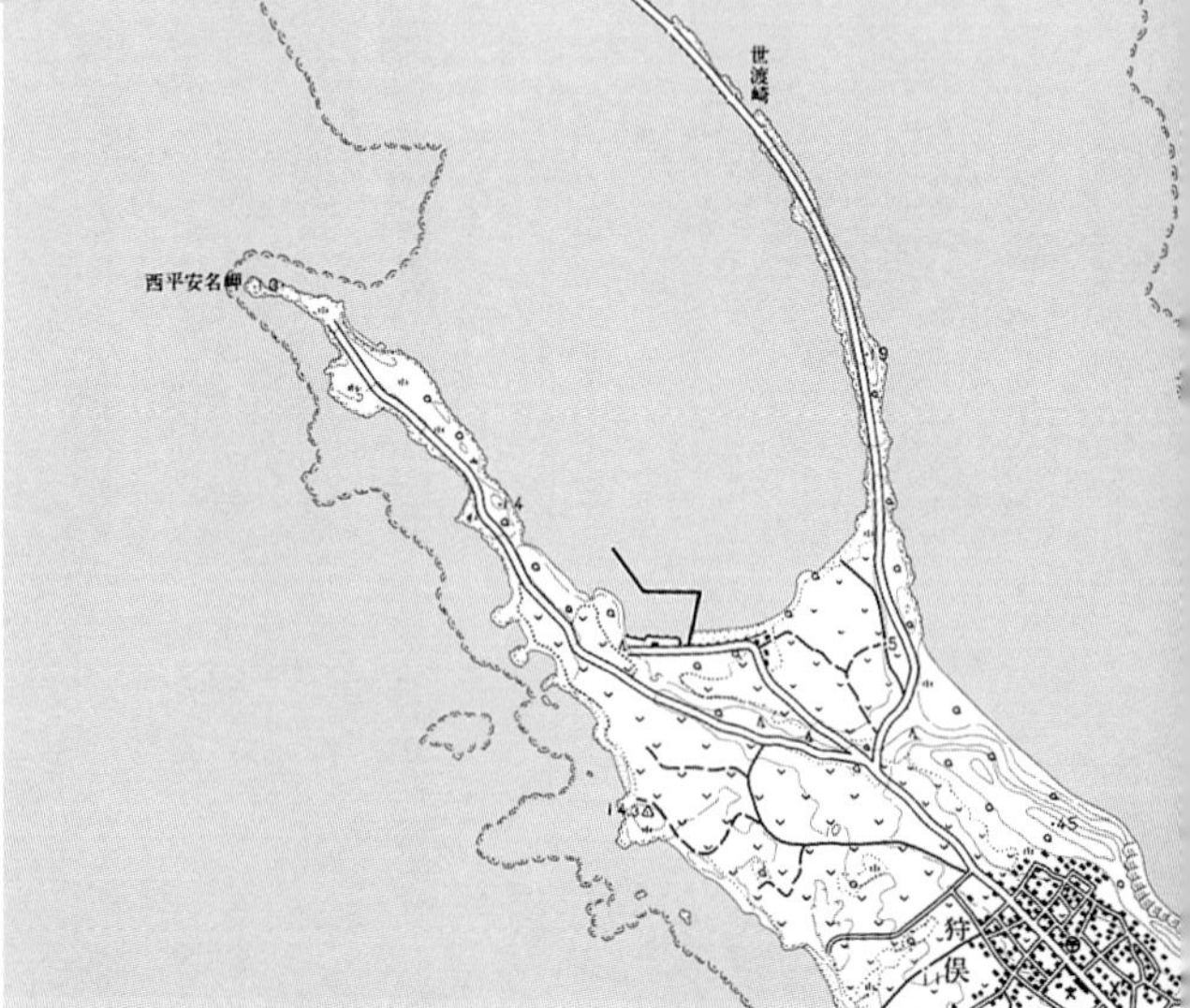

世渡崎、西平安名岬は、宮古島の北端に位置する二つの岬。平行して並ぶ二本の石灰岩堤が、クワガタの大あごのような形の岬を北の海へ向かって印象的に突き出している。

そのすぐ沖合にあって、世渡崎と池間大橋で結ばれているのが池間島。そしてその池間島自身も、宮古本島の島尻湾や大浦湾、与那覇湾や入江湾などと同じく、石灰岩堤の関与した細長い形の湾を（今は沼または湿原として）その内懐に抱い

池間南方にて

ている。

　島名の池間は、もともとイチマ、すなわち遠く離れた島の意であって、したがって池や湾を指すのではないとも言われるが、本当の由来はともかく、馬蹄形の陸地に守られた入江が、池として切り離される以前から池のように静かな湾であったことは、容易に想像できる。そしてイチは、湿地を意味する伊地などのイヂとも通じるのだから、やはり「池が間にある島」というイメージが、この漢字を島名に当てさせたのであろう。

　ともあれ、この島の池（沼）はドリーネ湖などと違って複雑に曲がりくねっている上、半分ぐらいが湿原だから、景観的に変化に富んでいそうなのは容易に想像がつく。またおそらく今は淡水であろうから、いわゆるマングローブ湿地などともだいぶん趣が違うはずで、その意味でも行ってみたい場所だった。地図には道が記入されておらず、観光地化されていなさそうなのにも惹かれた。

　島へ渡り、まず始めに池間の郵便局のあたりから、集落と、集落に囲まれた美しい岩の海岸をしばらく散策する。

　そしてそのあと漁港へと戻り、港とその前面の海を両側からさえぎっている緑の丘、すなわち、かつて入江をはさんで両側に延びていた二本の石灰岩堤の高まりと、その向こうの池間大橋、さらに先に小高い丘のように続いている前述の二つの岬、そして集落のはるか北方の森の隙間からわずかにその片鱗を覗かせている湿原と、遠い丘の上に載っている灯台などをパノラマ風に眺めたあと、池の周囲を巡っている農道を、反時計まわりで歩いていった。

　島の東岸の畑の中をまっ直ぐに延びている農道を、北へ向かって歩く。広く改修された、ピカピカの舗装道。おそらく池間大橋の開通に合わせて新しく改修した道路に違いない。しかし車はめったに通らず、沿道には、フクギやハイビスカスなどの生け垣が黙々と続くばかり。そのほかにも、あちこちにデイゴやバナナの樹があったり、畑の畔にもハイビスカスの垣根が鮮烈な赤を溢れさせていたりして、楽しさいっぱいの道だった。

やがて左手の畑の向こうに、広大な面積のアシ原と、その中に白い水を遠く細く光らせている沼の、沼というより川のような水面が見えてくる。そこはもう沼の東北端に近いあたりで、さらに細い農道をつたってアシ原ギリギリの畑のきわに出てみると、水がより近くに見えたが、ここでは水ぎわまで出ることはできなかった。

沼の北から西にかけては、道はかえって沼から遠くなり、前景の繁みが容赦なく割り込んできて、沼はまったく見えなくなる。途中、何本かの畑の畔道を見つけてそれを辿ってみたが、水面の見えるどころか、視界が開けるところに出るのすらムリだった。

マズいなあ――むしろ適当に「観光地化」されていたほうがよかったか、などと考えながら、沼の南西方、すなわち灯台と集落を結んでいる道路に出る手前あたりから、東へ向かってジグザグに延びていっている最後の小道を辿る。

と、それは畑が尽きたところからもなお、暗い繁みの底を刈り払われたトンネルでくぐっていった。そして何と、トンネルを抜けたところで沼を眼前に見晴らす高みの上に出た！

終点が高みになっているのは、そこにパイプで組んだヤグラが作ってあったからである。そしてそこから見下ろす沼は、左手のほうが広々とした沼の水面になっているのに対して、右手のほうはぐるりと回ってはるか後ろのほうまで、大小無数の水溜まりから完全な草のマットへ移り変わる湿原――空と水の濃淡の青に、草の緑と黄と、前景の樹々の葉の濃厚な緑が見事に調和した、見るからに美しい湿原だったのだ。

こういうところはほとんど必ず生き物、とりわけ水鳥の楽園になっているのが普通である。対岸に近い水ぎわにも、サギらしい白い鳥がいくつも来ていた。このヤグラも、もしかしたらそれの観察用に作られたのかも知れない。

鳥のマニアなら、こういう所で一日中過ごしたとしても惜しくはないのだろう。だが、筆者のような旅行家――すなわち動物観察については、さして関心のない

転石の抜け穴から
もう一つ先の転石を見る

人間がそれをやると、あたかも動物園のパンダをミーハー的に追いかけまわすようなことになりかねない。

やはり特別な条件が揃ったところへ行かなくても、常にありとあらゆる場所にあって、それに心を創ることのできる人たちに、千差万別の味わいを提供してくれる風景のほうがいい。

池間漁港の東側の長い突堤の突き出た海岸では、その風景に関して、またしても面白い発見があった。

突堤の東に拡がる浜の背後に、比高七〜八メートルぐらいの琉球石灰岩の崖がある。その崖の前面にかなり大きな転石（崖から剥がれた岩）がいくつも転がっているのだが、その転石に、直径が五〇センチ前後、長さが数メートルぐらいもある巨大な円筒形の空洞（パイプ状の孔）が、何かの抜け孔のような感じで、いくつも空いていたのだ。

崖の前面に転がっている転石群は、いわば横倒しの状態で転がっているので、孔もトンネル状に横向きに空いているのが多い。しかし背後の崖を見ると、同じぐらいのサイズの円筒形の抜け孔が、今度は数メートルの高さ（長さ）で直立方向に空いていて、それがもともとの状態であることを歴然と示していた。

つまりこの海岸では、浜の内側の崖面に、他の場所ではめったに見られないような奇妙な円筒形の縦孔が、たくさん空いているのが見られたのである。

これはどう見ても、樹木か何かの抜け孔としか思えない。だがそんなものが、果たしてでき得《う》るのだろうか？

まず最初に考えつくのは、そういう樹木の林立する海岸が、何らかの原因で水没して、そこにサンゴ礁または生物石灰岩がつくというシナリオだが、もちろんそんな思い込みだけでそうと決めつけるわけにはいかない。

樹種をヤエヤマヤシと仮定したとしても、それが海に浸った状態で、十年も百年も、あるいはそれ以上も生き延びられるとは思えない。

サンゴ礁地域では、サンゴ砂やサンゴ礫などが乾陸上で固結して岩になる（砂

浜のソリューション・プール

丘岩など）ことがあるので、それに埋積されてできた可能性もあるが、この岩は見たところそういう岩には見えない。原形を止めるようなサンゴの塊はほとんど見当たらないとはいえ、素人眼にはむしろ最も普通の石灰岩──礁石灰岩または砕屑《さいせつ》石灰岩（石灰岩の細かい破片が再堆積してできた石灰岩）に近いものに見える（外観的には砂質石灰岩という感じか？）。つまりこれは、海の底で普通に積もった石灰岩に見えるのだ。

というわけで、抜け孔説を完全否定するわけではないが、成因がよくわからない。

樹木の抜け孔でないとすると、残る可能性は最も単純な、溶食でできた縦孔（いわゆるソリューション・パイプ）ということになるが、もしそうだとすると面白味は減る。しかしそれ以前に、果たして琉球石灰岩のような石灰岩で、こんなにきれいなソリューション・パイプができるのかどうか…。

この海岸ではまた、波打ちぎわの岩盤のあちこちに、きれいな鍋穴《なべあな》やソリューション・プールがたくさんできていた。それらはどれも直径一メートルぐらいの大きな浅い穴ぼこで、この縦孔とは似ても似つかぬ外観をしていた。

じつはこの奇妙な縦孔地形は、池間島ではほかの場所でも見つかっているらしい。そればかりか、奄美大島北部、古宇利島、石垣島、西表島などの、他のいくつかの島でも見つかっている。そして一部の島では「円筒状空洞地形群」とか「八重山化石林」とかいう名前が、すでにつけられているのだ。

さて専門家は、この地形をどう解釈しているのだろうか？

大崎・仲筋北（多良間島）

八重山に近い宮古の離れ島

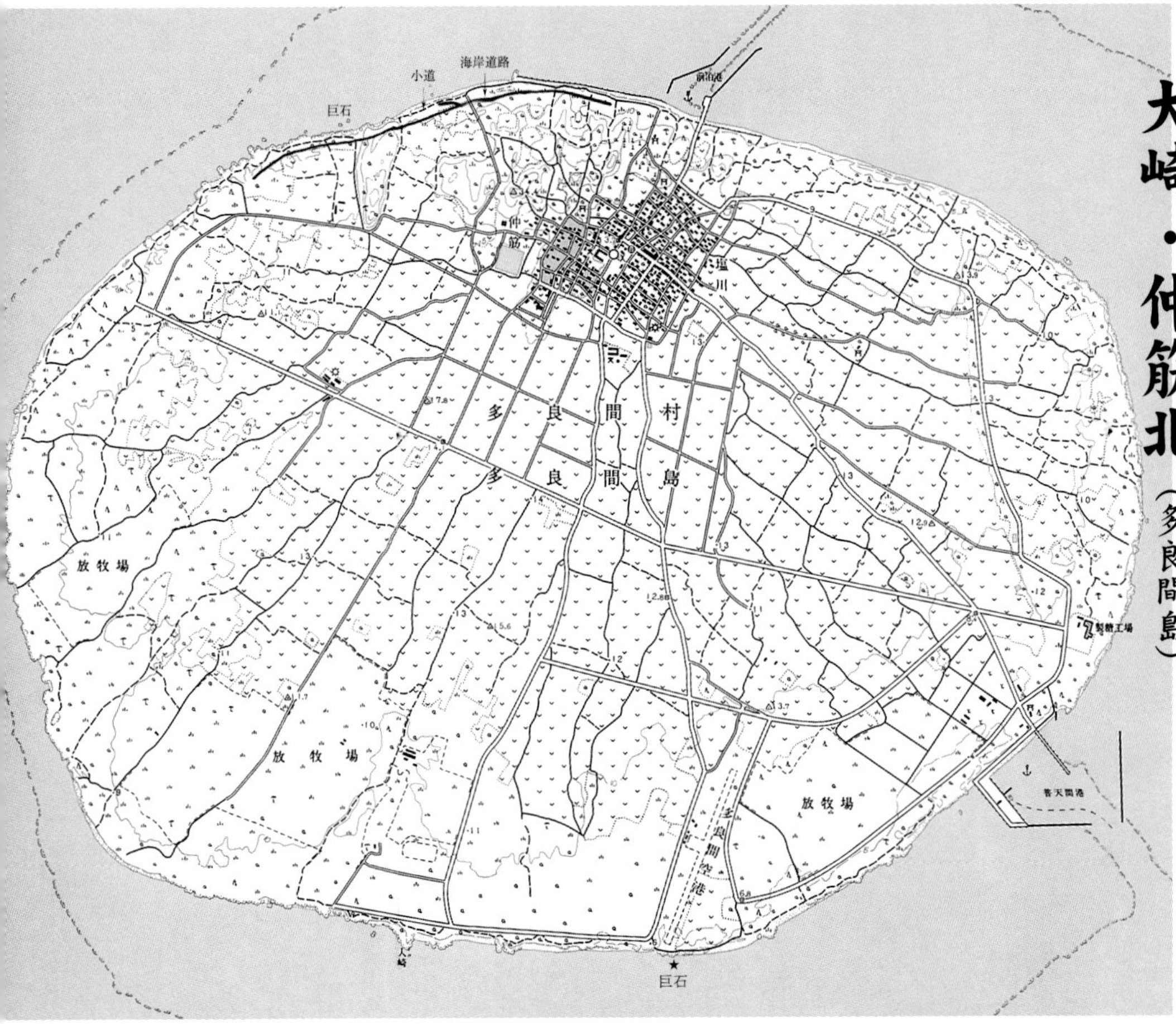

1：25,000地形図「多良間島」×0.6

多良間島は、宮古本島から西へ約五〇キロ。対して、多良間島から石垣島の浦崎までは三五キロしかないから、むしろそっちのほうが近いような島だ。

仲筋集落の西にある、島の最高点とされる三四メートルの三角点のある丘は、現に「八重山遠見台」と呼ばれていて、心はもう、そっちに引っぱられている。

しかし島の大部分が二〇メートル以下という低さ・平坦さに加えて、一見して隆起サンゴ礁島とわかる島の形と、サンゴ礁の縁どりは、まぎれもなく宮古の一島だ。

そして集落を除くと、精糖工場、普天間港、多良間空港、大崎と、あとは放牧場、放牧場、放牧場ぐらいしか「地名」がないのがのどかでいい。

乗る時に、頭のつかえそうな双発のプロペラ機で、海ぎわスレスレのところから一気に島へ降りていくときの気分もまた格別だ。

大崎（より詳しくは大ドウ崎という）は、二〇万分の一地図では入崎、二万五千分の一では人崎となっている。

島を見おろす

畑の中に臨時に造られたような滑走路に降り立ち、倒壊寸前のような飛行場の建物を通り抜けると、南の海岸へ向かう道路が、両側にギンネムのヤブを配して、まっ直ぐに延びていた。

右手（西側）のヤブの向こうは牛のいないだだっ広い草地。左手（東側）のヤブの向こうは滑走路。

途中、直径が数メートルもあるような大きな岩塊が、草むした状態で左手のヤブの中に息を殺したように鎮座して、ところどころ滑走路の眺めをさえぎっていた。

滑走路の南端までくると、目と鼻の先は海。草の繁みを踏んで、浜の手前に張り出す琉球石灰岩の岩盤の高みに立ったところで、思わず眼を見張った。

岩場の下は、陽を受けてまぶしく輝くサンゴ砂の白砂。その白砂の浜の先がここでは、幅五〇メートルぐらいにわたってラグーンと同じ色の潮だまりをあちこちに湛えた、広闊な黄緑色の磯になっている。そのいちめんに拡がる黄緑色が、眼を射たのだった。

そしてもう一つの特徴は、その浜や黄緑色の磯やその先のラグーンのあちこちに、大小さまざまな岩塊が散らばっていることだ。

道が海岸に出た地点の左手のほうにある磯の岩塊は、少しく変わっていた。

それはちょうどヒトの大人の背丈ぐらいの大きさで、この海岸では大きい方の岩なのだが、海側へまわってみると、岩がまるで何かの衝撃を受けたかのように、まん中からタテにまっ二つに割れている上、頭の部分にその岩塊とはまったく違った新しいサンゴの化石がついているのだ。

どれくらい新しいのか、新しくないのかは素人には知る由もないが、下の岩や背後の岩棚とは違って、サンゴの（骨格の）形態をきれいに保存しているし、外観もかなり新しそう（千年か二千年？ひょっとすると数百年のオーダーか？）だから、さっき内陸にあった岩の所産などとも考え合わせると、これは一種の津波石なのではないか？——もっとも、これぐらいの岩は台風でも運ばれるかもしれないので、台風岩とか暴波《ぼうは》岩と言ったほうがいいのかもしれないが…。

磯の岩床の黄緑色のヌシはアオサで、この海岸ではすごい距離で拡がっている。

潮だまりには小型の貝が多い。

浜には、そのアオサを摘んだり貝を拾ったりする人たちが、チラホラ出ている。サンゴ礁の海岸が、「海の畑」と呼ばれる所以《ゆえん》だった。

この海岸ではさらに、歩くのにいい道が浜のモクマオウの林の下をぬって、道路とは別に西の大崎まで続いている。それはハマダイコンやハマグルマが爛漫《らんまん》と咲きこぼれ、アゲハ蝶がヒラヒラと舞うのどかな小道。

大崎付近は現在、「宮古市の森」という名の公園となっており、その手前の区間も一部、護岸が施されたり苗木畑になったりしているが、途中にヤギの飼育小屋があったり、海に張り出す岩の岬の一部に見事な天然橋ができていたりして、眺めも変化に富んでいた。

島の北部、前泊港の西のほうにも、岩のゴロゴロした海岸がある。

八重山遠見台の西から、北へ歩いてその海岸に出ると、新しくできている海岸道路の外側に、やはり静かな小道が通じている。

その小道が西へ尽きたところから浜へ降りて、人跡まれな崖下の磯を、なおも西へ歩いていくと、片側が別の岩の上に乗り上げた形の、沖縄本島の荒崎で見たのと同じような、琉球石灰岩の大きな岩が見えてくる。

これは、マッファスケトゥンバラと呼ばれる推定重量三五〇トンの巨石で、マッファスケトゥンバラは「枕を敷いた大岩」の意。そしてこれもやはり、津波石らしい。

岩質が、背後の岩棚のものとよく似ていることから、南西方向から島を乗り上げてきた津波が北の海岸にあった岩をはね飛ばし、磯へ引きずりおろして、土台の岩に乗り上げた形で止まったと推定されている。

そんな津波が今やってきたら？　と思うと、ゾッとする。

このあたりは島の南岸にも増して、多数の岩がゴロゴロと転がる岩屑海岸となっている。この岩だけでなく、まわりに散らばっている巨石群のいくつかも、津波石なのであろう。

島の南岸を見おろす

大崎・仲筋北（多良間島）

アオサと岩塊のある海岸（南岸）

頭にサンゴ化石のある岩（左写真矢印の岩）

島の北岸にある枕を敷いた大岩

大崎へ至る浜にて

磯の天然橋

野原岳（宮古島中部）

野原越南方から野原岳を仰ぐ

野原岳のひとつ東側の岩堤

病院の近くにあった地下水系の図

宮古島北部の石灰岩堤列

ハマボッス（東平安名岬）

東平安名岬（宮古島南部）

東の断崖から岬の全景

来間～西浜（来間島）

～東平安名岬～

ビーチロックのある西側の浜

テンノウメのジュウタン

岬への道にて

保良漁港と離礁。堤防上に巨岩

東平安名岬灯台

岬の先端から宮古島本体を望む

灯台の西側にある陥没ドリーネ

来間島東岸の断層崖。沖合に伊良部島

西浜の風景

タバコ畑寸景

タバコの乾燥場

来間の集落

下地島南西部の三角点の根元付近にある池

沼と湿原（池間島）

池間湿原

通り池のひとつ北隣にあるドリーネ湖

水路と池(伊良部島・下地島)

来間島東岸より来間大橋と宮古島を望む

伊良部島・下地島間の水路

帯大岩側部のノッチ

帯大岩への道

帯大岩背後のノッチのある磯

～池間島～

浜のソリューション・プール

転石に見られる横倒しになった縦孔

２本の石灰岩堤と港の風景

縦孔地形のある海岸

崖の縦孔

沼を遠望（北東方向から）

V

八重山諸島

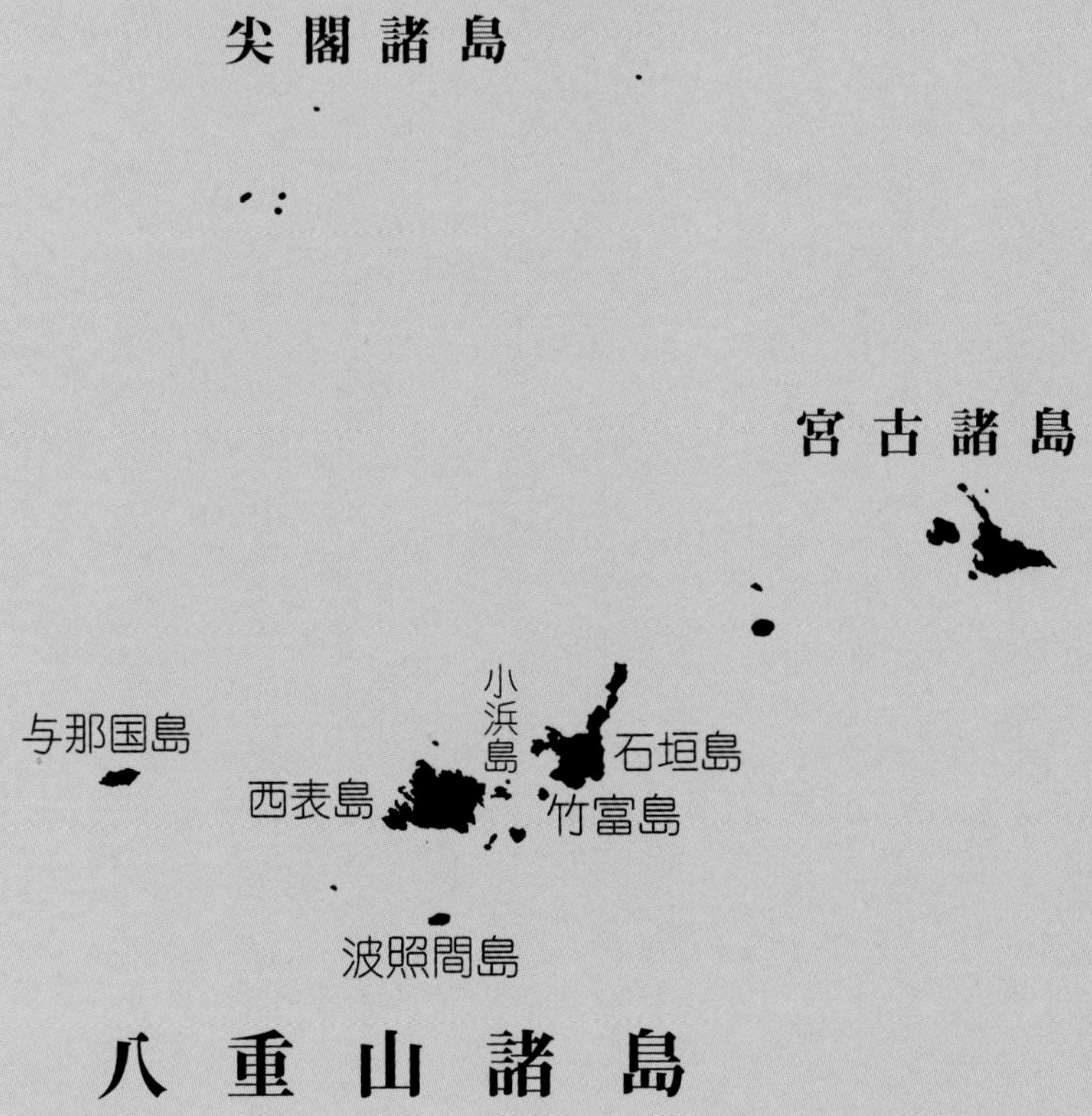

海ぎわを行く牧場路の道

伊原間海岸（石垣島）

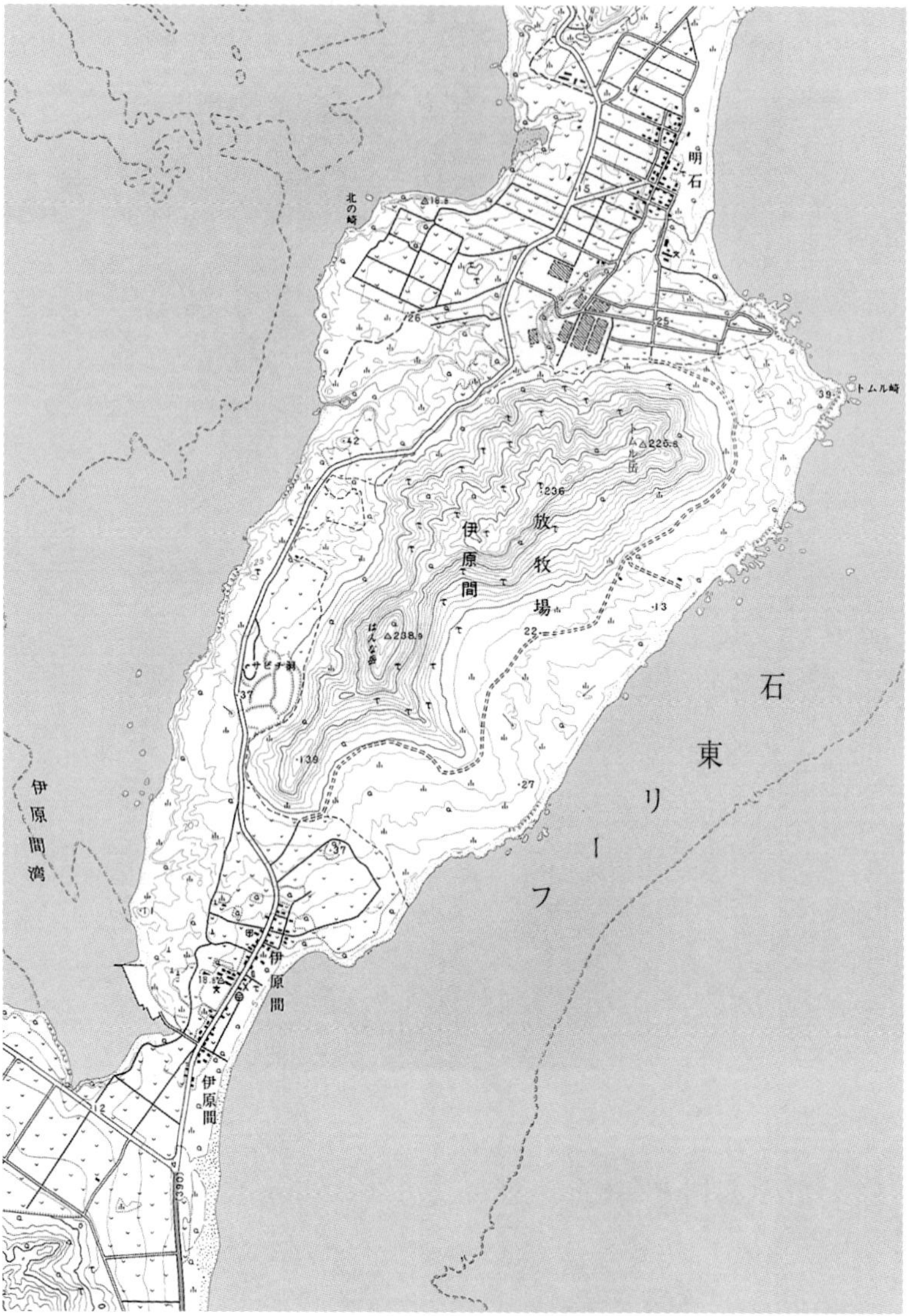

1：25,000地形図「伊原間」「伊野田」×0.65

石垣島は八重山の主島と呼ばれるのにふさわしく、於茂登岳という沖縄一高い山を持っている。高さは五二五・八メートル。

たったそれだけしかないのか、と言われてしまいそうだが、これを主峰とする於茂登山地は、東西方向に延々二〇キロにもわたたって連なる山地。それも端から端までほとんど一体化して聳えている山地で、宮古の島々を歩きまわってきた眼には、いかにも高く大きく見えるのだ。

これに対し、その北方の伊原間山地は、伊原間と明石の二つの地峡《ちきょう》（陸地が狭く細くくびれているところ）で分割された、わずか三キロサイズの山地。だが、その小ぢんまりとしたサイズと曲線的で優美な山容が、裾野を縁取る広い緩斜面と、海ぎわを取り巻くサンゴ礁ラグーンの風景と相まって、いかにも南国的な景観を造っていそうだった。

石垣市街のバスターミナルから、川平公園を（わざわざ）経由して伊原間へ行くバスに乗っていくと、それは於茂登岳と於茂登山地をまず南から、そして川平から先では、今度は北の海岸からその裏側の姿を印象的に見せながら、数人しかいない乗客を楽しませていく。

伊原間とその北の山地が見えてくるのは、鉛筆の先のように鋭く尖った野底岳のピークを、右手背後に見送ったあと、野底石崎を急カーブでまわった先――どちらも湾のかなたに小ぢんまりとまとまって浮かぶ地塊《ちかい》のように見えた。

伊原間集落のある平久保半島の付け根は、石垣島がもっとも狭くなったところで、幅が三〇〇メートルぐらいしかない。昔、クリ舟を担《かつ》いで、一方の海から他方の海へ船を越させたことから、ここは船越と呼ばれている。

郵便局の先が、バスの最終停留場。北へ向かってゆるい坂道を登っていくと、まず、はんな岳の南端部が、いったいどこの円錐丘？　と眼を見張るほどの、優美な丘のピークを盛り上げる。

その「円錐丘」のところから右へ、山地の東側を通って北方の明石まで、歩くのによさそうな牧場路の道が延びている。

牧場路といっても、牛も馬も一頭もい

トムル岳左肩のピーク群

なければ、人もいない。灌木が点在するだけの広闊な草原を突っ切って、道は坦々と山裾に沿って大きく曲がっていく。

今来た方角には、伊原間地峡と野底岳。そして海側には、玉取崎方面からこちらへ向かって続くサンゴ礁ラグーンの海が望まれる。

アオサンゴやハマサンゴ、コモンサンゴ、ハマエダサンゴなどの多様な造礁サンゴや、マイクロアトール、その他のサンゴ群集をはぐくむことで有名な石東リーフの、ここは北半の部分だ。

上空は澄み切った空と純白の雲、頭上は空に映える濃淡の緑の山裾、草原に点在する亜熱帯植物、それらを楽しく分けながら、サンゴ砂の道は果てしなく続く。

はんな岳の東に突き出る尾根の先端をまわったあたりで、ようやく馬が現れた。そしてその先に、今度は黒牛。

左手の草原の向こうに、ほとんど白骨化した巨大なガジュマルの樹が見えてくる。その前に数頭の黒牛たちがタムロしている。牛たちは、こちらを見ても近づこうとしない。山の手前に立つガジュマルが、ここでは何となく神々しく、この牧場路の守り神のようだ。

一三メートル標高点の北から、右へ分かれる枝道へ入ってみると、今度はアダンの茂みと、丘の上に湧き立つ夏雲を背景にして、一頭の馬が一心に草を喰んでいる光景があった。こちらはメルヘンの世界のようだ。

本道へ戻るとほどなく、はんな岳の北東に続く峰、すなわちトムル岳の高まりが、今度は左手から頭上高くにのしかかってくる。と同時に、安良岳を主峰とする明石地峡の北側の山地が、道の行く手に大きく拡がって見えてくる。

右下の斜面の先はトムル崎。その向こうの相変わらず美しい裾礁の海から、いきなり立ち上がって聳えているその山地は、ここでもやはり海に浮かぶ地塊のように見えた。正確には地塊とはいえないのかもしれないが。

トムル岳の北東端の裾からトムル岳自身を仰ぐと、その左肩は三角形にまろやかに尖った小ピークの連なりでできていて、こちらはできかけの円錐丘群を並べたような顔つき。

トムル崎は、トロロ昆布のような面白い顔つきの岩の積み重なりでできた、磯の岬だった。

その流れるような片理、すなわち薄く長く伸びた組織のような岩の縞模様を、利尻昆布を束《たば》ねて重ねたように並べているのは結晶片岩《けっしょうへんがん》——地下深くで変成作用を受けてできた岩石が、上にあったものがはぎ取られた結果、地表に姿を現したものだ。

このあたりはどうやら結晶片岩でできているらしい。

岬の岩に立って、南に拡がる白砂の浜を見わたすと、相変わらず誰もいない浜の向こう端で、放牧場の牛たちが一心に草を喰んでいた。

黒牛とガジュマル

水牛車の行き交う観光の島

西屋敷〜北岬（竹富島）

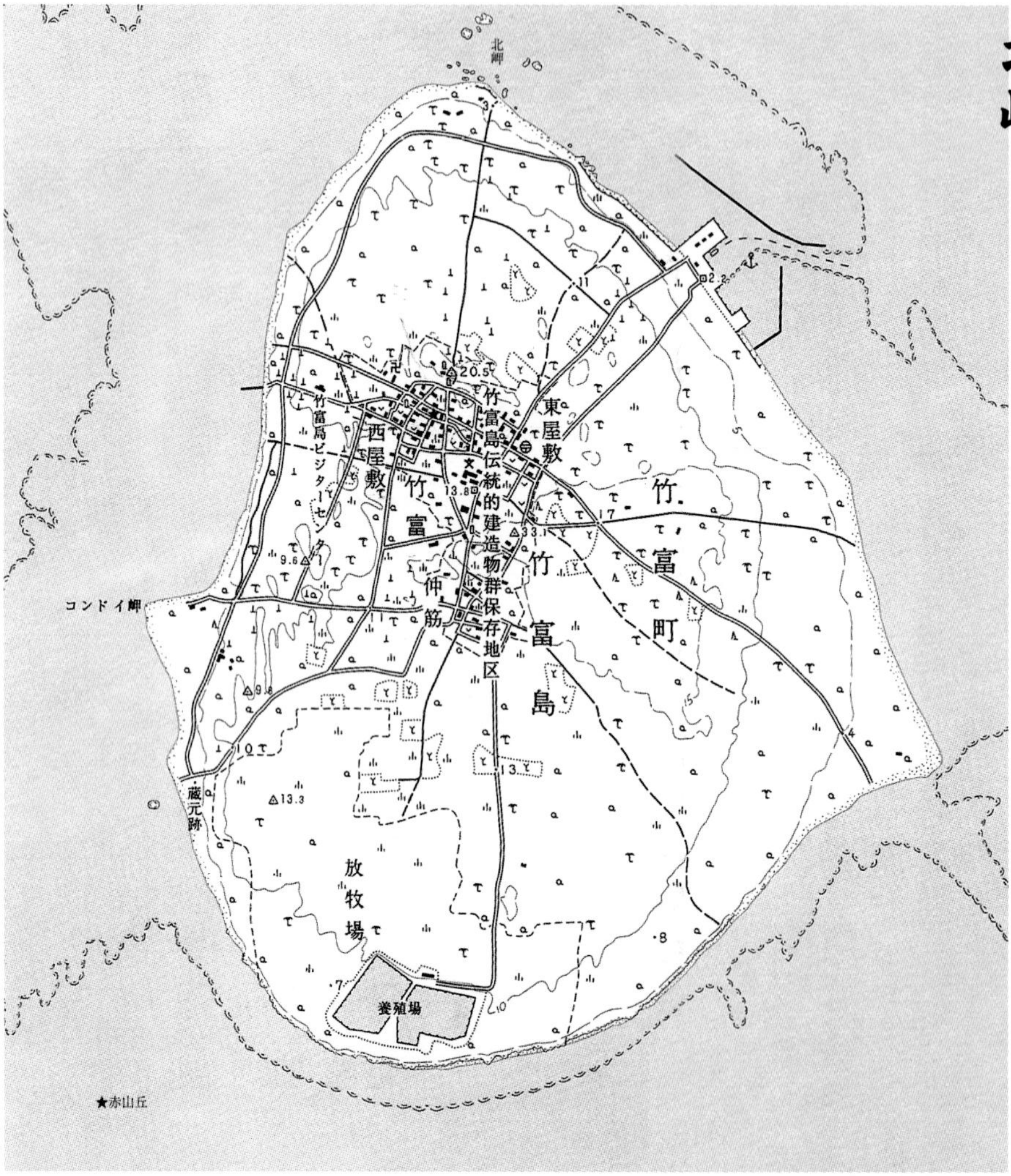

1：25,000地形図「竹富島」×0.9

竹富島といえば、あの赤瓦の屋根並み——琉球瓦の家並みが島の代名詞のようになっている。

それは今、「竹富島重要伝統的建造物群」として町並み保存の対象となっている。そして石垣港から船でわずか一五分で行けるという近さも手伝って、八重山では最も人気のある観光地となっている。

しかし石垣港から日に二〇往復も船が出、年間一〇万人を越す観光客が島を訪れるのにもかかわらず、実際に島へ渡ってみると、あまりその喧騒《けんそう》を感じない。

集落の北西方（西屋敷）に、赤山丘と呼ばれる築山《つきやま》程度の小さな丘があって、その塔の上に登ると、伝統的建造物群の家並みが一望のもとに見渡せるのだから、ほとんどの観光客はまずそこへ行くと思われるのに、実際に来る人はきわめてまばらでしかない。

したがって人混みにも、そして騒音や排気ガス（車もあまり通らない）にも悩まされずに、気持ちよくあたりを散策することができるのだ。

そしてもちろん、伝統的建造物群を造っているのは家並みだけではない。サンゴ石を精巧に組んで、あるいは素朴に積み上げて造った石垣、フクギやバナナ（バショウ）の植込み、ガジュマルの木蔭に造られた涼しげな縁台、紙屑ひとつ落ちていないサンゴ砂の道——確かに、その規模や知名度の高さを別とすれば、沖縄の伝統的な家並みが今日、これほどまとまった形で残っているところは、他には沖縄本島北端の奥ぐらいしか思い当たらない。

そしてさらに、歩いていて最も関心させられるのは、本土の観光地ならば必ずといっていいほど氾濫しているビラや広告物のたぐいが、ここではほとんど見られないか、あっても目立たないこと——食堂や土産物店なども、本土の似たような観光地と較べると格段に数が少ないし、どれも小ぢんまりとした目立たない造りで、景観への配慮がうかがえる。

島の名物として知られる水牛車なども、下手をすれば、静寂をかき乱す公園のボートのようになってしまうところだが、実際に聞こえてくるのは三線《サンシン》の音色だけなので、まったく害はない（むしろ耳に心地よい）。

西表島と小浜島（水平線近く）を望む

赤山丘のすぐ北に、世持御嶽がある。その北の三角点のある高い石積みは小城盛で、こちらは昔、海を監視したり、通報のためのノロシを上げたりしたところ。

赤山丘の東は西塘御嶽。どのポイントもほとんど人影がなく、真昼の炎天下というのに時が止まったかのようだ。

その西塘御嶽から、サンゴの石垣がどこまでも続く白い道を西へ歩いていくと、ひび割れかけた突堤が一本、海へ向かって突き出しているだけの誰もいない岸壁に出る。

透き通るような海のかなたに、たくさんの島々が浮かんでいる。右手に見える石垣島西端の屋良部岳半島から始まって、加屋真島、小浜島、西表島から黒島へと続く、八重山の主な島々。

そして北の方角とは打って変わって、燦然《さんぜん》と輝くまぶしい光の中で、真っ平らな黒島のすぐ左手に、それとくっついたような形で延び出しているコンドイ岬。

岬はビーチになっていて、近くに星砂の採れる浜もあるから、そこへ行けば人がたくさんいるのかもしれないが、さすがにこの岸壁は静かだ。

一艘の船もない岸壁でしばらく過ごしたあと、今度は浜の手前を南北に延びている道を北へ。こちらも簡易舗装ながら人気《ひとけ》がまったくなく、ひっそりと静かな道。しかし道の両側につづく繁みのハイビスカスやヒルガオの彩りが、ここではまたひときわ鮮やかで、歩いていて空虚《くうきょ》を感じることは微塵《みじん》もない。

その繁みの中から時折、ハネセンナのカナリア色の花がパッと覗く。英語でキャンドルと呼ばれている花だが、実際に陽の陰ってきた小暗いヤブの中で見ると、まさにカナリア色の炎が集団で燃え上がっているように見える。

道が島の北端へまわったところで海岸へ出てみると、眼の前は黒い磯と、中景にはまぶしく白い一対の岩。そしてその両者を浸してはるばると拡がる藍いカクテルのような色あいの海。

その海のかなたに、濃淡の山並みを左右いっぱいに拡げる石垣島が、右手のほうに市街地のビル群を林立させている様が、ひどく場違いに見えた。

大岳〜アカヤ崎（小浜島）

八重山を見はらす格好の展望台

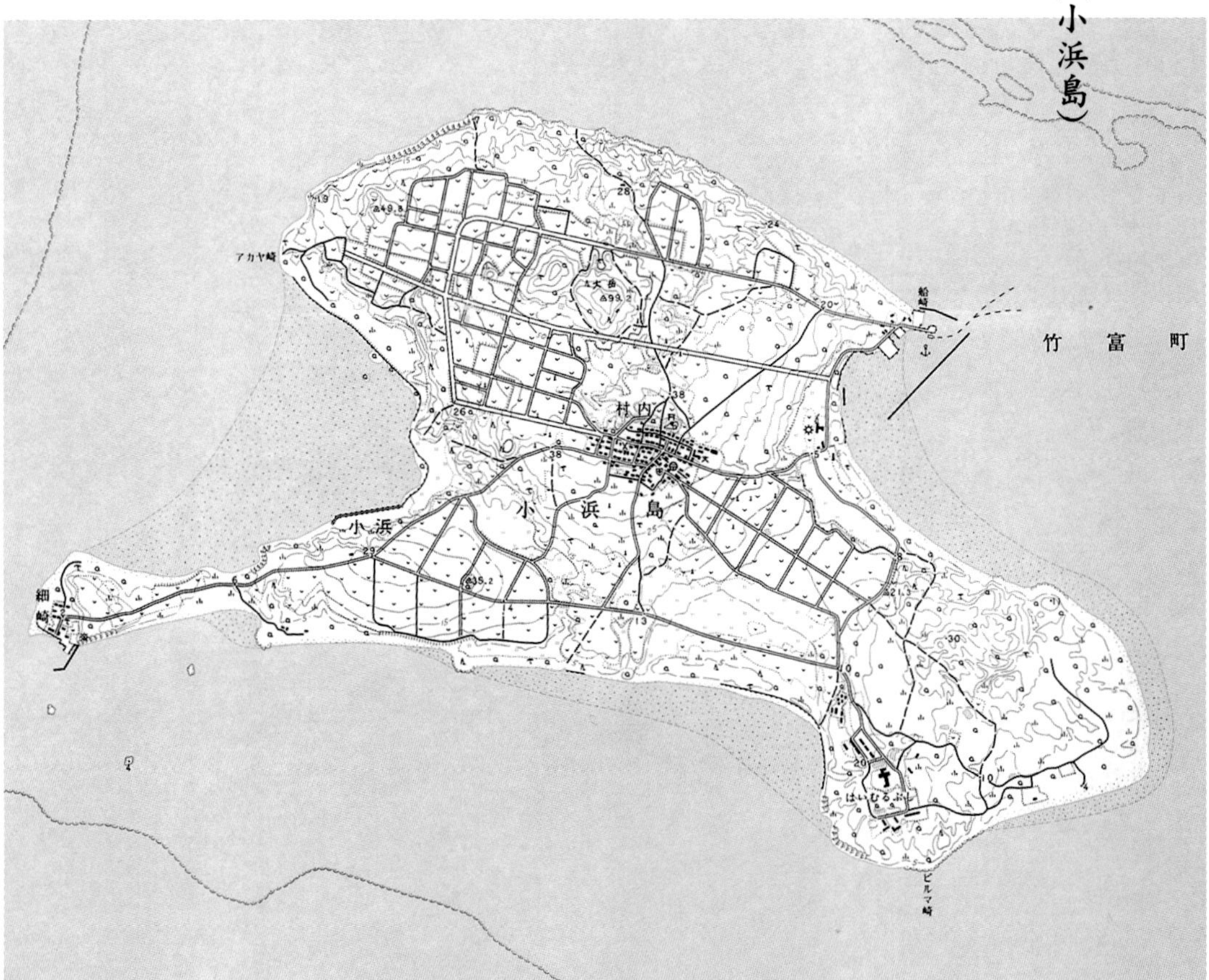

1：25,000地形図「小浜島」×0.65

アカヤ崎へ至る道にて

小浜島の大岳は、八重山の海と島を見晴らす格好の展望台だ。

地図に墓地の記号のあるところの西側、すなわち南側の山腹に、ハイビスカスの樹叢《じゅそう》を両側にあしらった登り道がついている。

登り道と言っても、森の中の階段つきの歩道を、花の香りや彩りをも楽しみながら、ものの五分か六分も登っていけば着いてしまう、あっけない登り。しかし頂上では、たった九九メートルしかないのがウソであるかのような、広闊なパノラマが待っている。

北の海岸は、地中海かどこかの海辺の村を連想させる白いコテージの群れと、はるか沖合の石垣島へ向かって、濃淡のブルーの帯を幅広く拡げるラグーンの海。

石垣島の手前、ラグーンを縁取る白い砕波線のすぐ下のところに、加屋真島が見えている――今は人が住んでいないかわりに、ウサギが棲みついてしまっているといわれる緑の島だ。

東から南にかけては、東の竹富島から始まって、村内の村と、耕作地の向こうに森を載せて、テーブルのように突き出すビルマ崎。そしてこちらでは、内海も外海も一色汰にし、黒島と新城島の島影を浮かべてまぶしく輝く白銀の海。

西には、ヨナラ水道へ向かってひょろひょろと突き出す細崎。そしてその前面には、上空に巨大な雲の冠《かんむり》をいただいて、それを抱擁《ほうよう》するかのように横たわる西表島の島影。

このように、周辺の海と島のパノラマが、ほしいままに開けているのだ。ただ一つ、アカヤ崎方面の展望を除いては。

山を下りて、そのアカヤ崎方面へ向かう道（南麓の舗装道）を西へ歩いていくと、今度は大岳の西に、それを低く小さくしたような孤立丘がいくつも並んでいるのが見えてくる。地図を見ると、その孤立丘列はアカヤ崎のすぐ北の、西の海岸まで続いている。

島にはとくに目立つ丘の並びはこれ以外にはないから、この孤立丘の配列は、何か意味ありげに見える。

じつはこの孤立丘の並んでいるところは、八重山変成岩類という、硬い変成岩

※アースハンモック
主として草の生えた地面などにできる土饅頭のようなモコモコの団塊の微地形。構造土の一種で、高山や寒冷地では地面の凍結——融解でできる

の地層が走っているところなのだ（石垣島のトムル崎で見た結晶片岩も、そのひとつ）。そして、細崎の細長い首の部分も（こちらは変成岩ではないが）輝石《きせき》安山岩や火砕岩《かさいがん》という、やはり比較的硬い岩石でできているのである。

　孤立丘列を見ながら西へ進むにつれて、正面に浮かぶ西表島が、近く大きく見えてくる。とともに間にはさまる海峡も、島とサトウキビの畑の隙間から顔を出して、前方は島と海と畑の、三層の重畳パノラマとなる。

　海がより近くなって、階段状の坂を一つ下りると、左手の崖下には牧場も開けてきて、遠くに見える細崎の風景とともに牧歌的な眺めも加わるのだった。

　舗装の一本道が尽きると、道は直角に右へ曲がり、野づらの直中をゆくサンゴ砂の細道となって、岬へ下りていく。途中、丘の上に白いロールベールが点々と置かれている北海道のような農場風景の中に、大きな孤立丘が二つ並んでいるのが見えてくる。右が三角点のある四九・八メートル丘。左がその北の丘だ。

　海側には、西表島西岸のウ離島もすぐそこに見えて、ここまでくれば岬は目と鼻の先。

　あと五〇メートルで岬、というところの左手にあった最後の牧場で、ちょっと面白いものを見つけた。

　何のためかは知らないが、牧場の中の二本のアゼ道ではさまれた部分が、一部に白い水溜まりを光らせた箱型の浅い凹地になっている。その凹地を埋める草の生えた地面が、※アースハンモックらしいモコモコの団塊《だんかい》の集団になっているのだ。

　ただし、アースハンモックとはいっても、ここは沖縄だから、これは地面の凍結——融解《ゆうかい》でできるアースハンモックではなくて、たぶん家畜の踏み付けでできるアースハンモック。

　牧場は有刺《ゆうし》鉄線で仕切られており、しかも左手には黒牛が何頭もいて、入りたがっている旅人に対して無言の威嚇《いかく》をしているので、中に入ることはできない。しかし形も大きさも植被《しょくひ》の感じも、高山や寒冷地で見るアースハンモックとまったくそっくりだ。

アカヤ崎は、アダンの繁みとモクマオウの並木を抜けた先の、黄緑色の干潟。その向こうはさっき島の東北方の海岸に加屋真島を浮かべていたのと同じ色の海。右手の沖合に眼をこらすと、そこには本土から宮古・八重山を経て台湾へ向かう船であろうか、白いきらびやかな大型客船…。

正面から左は、手の届きそうな近さで見える西表島。その西表の、何層にも織り重なる濃淡の山並み。

そして黄緑色の干潟の先には、ところどころ黒っぽい磯岩が見えている。

そこまで行ってみると、その磯岩は、密に入った格子状の節理と、その中に発達した玉ネギ状節理を、ともども印象的に見せる岩だった。

アカヤ崎から西表島

奇岩と転石

南風見田海岸（西表島）

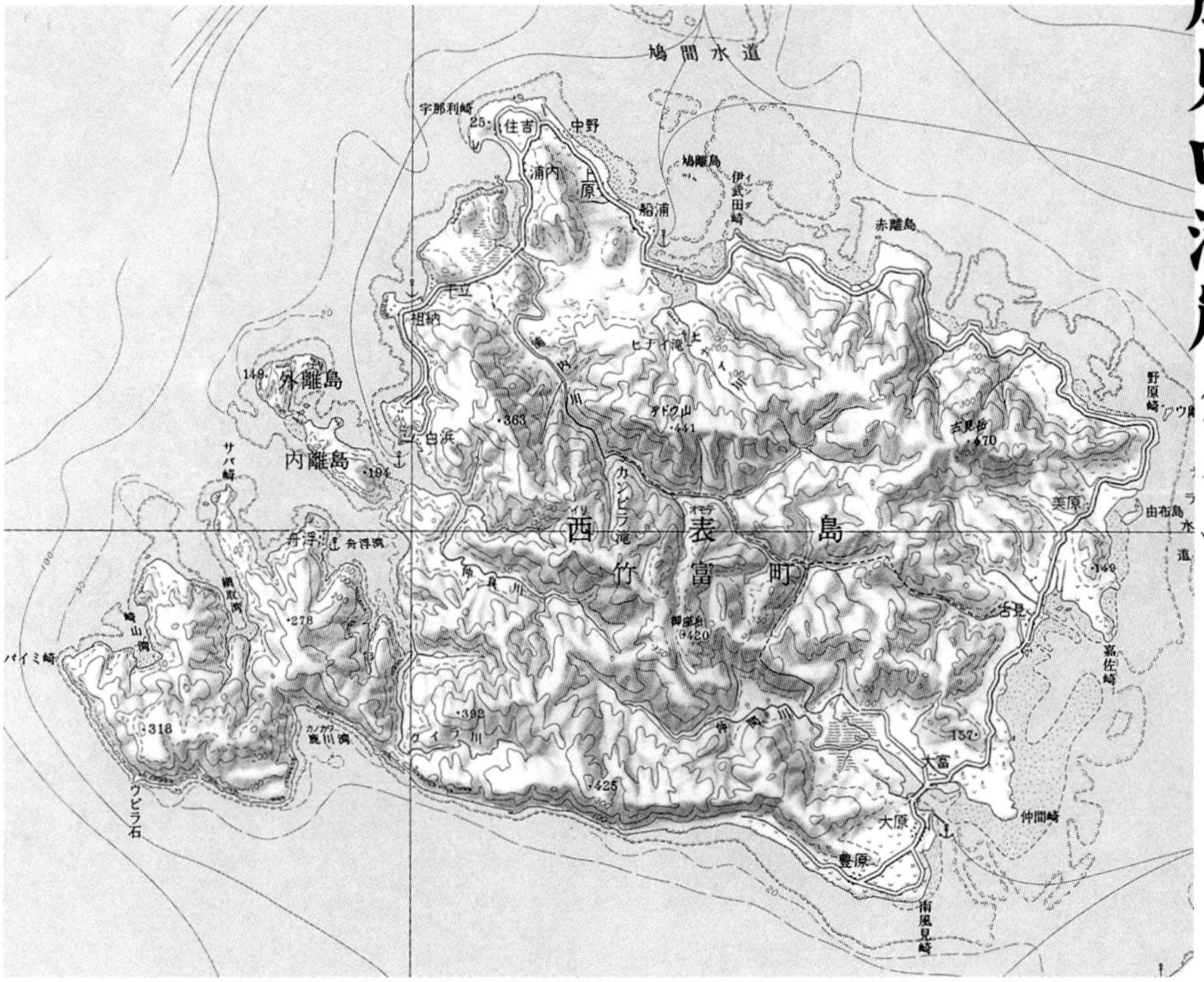

1：200,000地勢図「石垣島」×0.8

南風見田海岸は、大原の南西わずか五キロ。マリュード滝や、カンピラ滝への入口として知られる有名な浦内川の河口や、島の北部の星砂海岸へ行くのに較べれば、ずっと近いし、沖縄では最も長い砂浜とされる「南風見田の浜」を擁《よう》する海岸でもあって、それだけでも行ってみる価値は十分あるのに、それに眼を向ける旅行者はほとんどいない。

しかもここは比高二〇〇メートルから四〇〇メートルに達する西表島の山地が、急峻な断崖を造って海になだれ落ちる南海岸の、ほとんど唯一の入口で、浜はその前面を縁どるわずかな平地に過ぎない。

そのため途中から先はクイラ川以西の半島部同様、いまだに道が通じておらず、例によってそこがどうなっているのかも、何が現れるのかもまったくわからない。その意味でも面白そうな海岸なのだった。

遊覧船で川を遡《さかのぼ》って、内陸部の観光ポイントを訪ねるのも、生き物ツアーもよいが、できあいの「ツアー」に便乗するのではなく、そういう未知《みち》のところを少しでもいいから歩いて、自分なりの風景

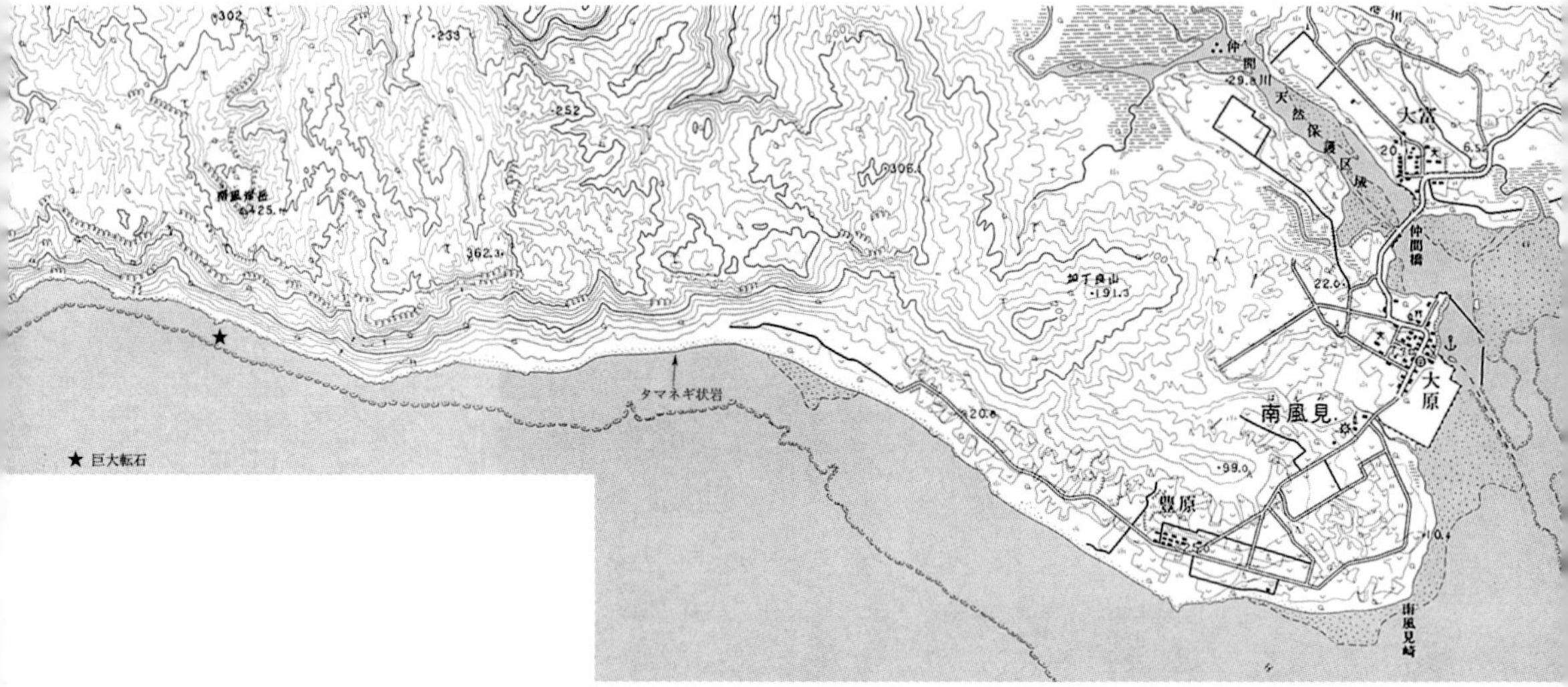

1：50,000地形図「西表島東南部」「西表島西部」×0.7

を構築してみたかった。

　豊原の西の、地図から道が消えるあたりが南風見田の浜の西端部。そこから東では、浜はその名の通り、まっ白い砂の帯をどこまでも拡げる砂地の浜だった。

　そこへ行ってみると、旅行者らしい姿はやはりどこにもなかったが、この日は海岸で、何かの実習が行われているらしく、どこかの先生らしい人と生徒が、浜にたくさん出ていた。

　それに眼をやりながら浜を西へ歩いていくとほどなく、山腹のゆるい出っぱりの先が小規模な磯となって、海に張り出したところが現れる。

　この日はそこまで来たところで、まず足が止まった。

　それは波に削られて、表面が滑らかにされているコケ茶色の岩の集団で、それが全体としてコケ茶色の岩の石畳を造っているのだが、その岩のひとつひとつに、まるで渦巻きキャラメルか何かのような、奇妙な模様が入っているのだ。

　よく見ると、その模様はじつは渦巻きではなくて、むしろ同心円的なものに近

玄関の置物石

い。そしてこのあたりの地質を考えると（西表島はおもに八重山層群の砂岩やシルト岩、礫岩などでできている）、これはおそらく砂岩にできたタマネギ状構造（タマネギの断面のように見える岩の節理）ではないかと思われるが、それは実際同心円でもコケ茶色一色でもなく、岩をブツ切りにしている節理の形や風化の性状に合わせて、様々な容態を持っている。

楕円形や四角形、あるいは三角形から始まって、クサビのように長く引き伸ばされたもの、折りたたまれて「く」の字型に曲がっているもの、飴かキャラメルのように、本当に不定形に流れてしまっているもの、などなど…。その違いを見て歩くのが面白かった。

そして、色のほうもスゴい——灰色から茶色、黒、白、クリーム色と、ひと輪ごとに、いや土星の輪のそれように、一オングストロームごとに変わる。これはもう、あの南大東島のレインボー・ストーンをはるかにしのぐ面白さだ！

一個々々の独立した岩のオブジェとなって、玄関の置物のような風情で、砂の上に置かれているやつ。真ん中の部分が皿のように凹んでしまっているやつ。そして今度は、節理のお世話にはまったくならずに、地層の縞模様を見事に浮き出させた、京都の知恩院の敷石か何かのような、値段の高そうな岩も見つかった。

いずれにせよ、なぜこんな奇妙な石畳がここだけにあるのか、そしてこんな面白いものがなぜ西表島の話題にのぼらないのか、どれもフシギとしか言いようがない。

こんなふうに海岸の岩を観察したり、海の風景を眺めたりするだけでも果てしなく楽しく、充分モトが取れるのだが、一方そこから時を移さずに歩いていった、そこから先の海岸が、こちらは歩くのが予想外に大変だった。

サンゴ砂の砂はすぐに靴が埋まるし、埋まらないところでも、足場を一歩々々確かめながら、岩やガレキをひとつひとつ越えていくのは、道のあるところを歩くのと違って、桁はずれの労力が要る。とくに自分の背丈の二倍ほどもある岩屑の山が、行く手を完全に塞いでしまっているところでは、両手両足を使っての岩屑登りをしなければならないし、それすらできない時は、もう海側へまわるしかない。

　海側にはリーフの浅瀬が拡がっている

琉球石灰岩と蜂の巣岩

から、断層海岸のように急に深くなることはないが、その都度靴を脱いで浅瀬をジャブジャブ渡っていかなければならないし、底が見えないほど深いところでは（これが結構ある）、滑りやすく危険な超ヌルヌル石や、同じく危険なナイフ石などに足を踏み込まないよう細心の注意を払いながら、ぬき足・さし足・足さぐりの状態で、這うように進んでいかなければならない。

　沖合はるか西方には、中御神島が小さく、しかしハッキリ見えていて、こっちを見ているようにもみえるが、それをゆっくり鑑賞しているヒマはない。

　空からは、足のぬるさとは対照的に、焼けつくような陽射し。それもまた容赦なく体力を奪ってゆく。

　普通の海岸を歩くのの一〇万倍ものエネルギーを費やして、二時間ぐらいも進むと、ようやくやや広い浜が現れた。

　浜には、背後の急斜面から落下してきた岩屑のほか、琉球石灰岩の岩塊も転がっている。途中、その琉球石灰岩と山地の堆積岩の岩塊の二つがペアを組んで、手前のモンパノキやグンバイヒルガオと、なかなかいい図柄を造っている光景があったが、そのまっ白い岩（シルト岩か？）は、風化によるものか穿孔貝《せんこうがい》のシワザか、表面を小さな穴でボコボコにされていた。

焼けるような陽射しとはうらはらに、空は、ハケで掃いたような筋雲を浮かべて、秋のように澄みきっている。

陸側を見上げれば、はるかな高みにそそり立つ山壁の濃厚な緑のジャングル。

ふと見ると、その断崖の足元のヤブからは、小さな滝がいくつもほとばしり出ているのが見える。それがこの海岸での、唯一の清涼感だった。

滝の清涼感とマイナスイオンに浸ってしばし休み、エネルギーを充電してから、さらに先へ歩く。

岩屑のロック・クライミングと、砂浜でのよろけをまた何度か経験したあと、最後の岩屑の山を乗り越えると、そこから先は大潮の関係か、一転して普通の速度で歩いていけるリーフの岩盤となった。

そして、その岩盤の上を喜び勇んで歩いていったところ、はるか先の山裾で、奈良の大仏様もひっくり返るような、とんでもないものが見つかった。

それは干上がったリーフの上に載っている、一辺が一〇メートルぐらいもある巨大な岩で、この日見た中では最も大きく、このあたりでも圧倒的な大きさと量感を誇っているのだが、ただ大きいだけでなくて、写真に見るような見事な方形《ほうけい》をしているのである。何だろうか？

それはもうかなり風化しているが、地層の層理（縞模様）がかなりハッキリわかる砂岩だった。岩相《がんそう》も背後の山裾に散らばっているもののいくつかと、ほとんど同じだった。

したがってこれはおそらく山から落下してきた転石で、岩の形は節理の形状がそのまま保存されたものと思われる（砂岩は方状節理《ほうじょう》、すなわち方形に割れやすい性質がある）。とはいえ、砂岩がこんなに大きな節理を保存する例は、珍しいのではないか？

津波石の可能性はゼロとはいえないかもしれないが、サンゴの付着物でも発見

巨大転石を海側から見る

されない限り、まずは薄いだろう。
それにしても、こんなものが何の予告もなく転がっていると、見るほうは圧倒させられる。そしてさらに先へ行けば、もっと面白いものがありそうな気がする…。

巨石のあるところから背後の崖を見渡すと、この石の真上ではないが、少し先の上のほうに、岩が大きくえぐれた箇所があって、岩壁の層理がナマナマしく見えていた。

巨大転石。左下の小岩に帽子

古宇利島に似た階段状の島
高那崎〜南(波照間島)

日本最南端の碑近くにある石のモニュメント

波照間島は、古宇利島ととてもよく似ている。

島は一見なだらかな台地状をしているが、そのいくつかの高度——たとえば標高一〇メートル付近(ペムチ浜の西側や波照間空港の東側)、二〇メートル付近(ペムチ浜の北の畑とさらに北の畑の間にはさまれた森部)、三〇メートル付近(島の中腹を走る太い環状道路のすぐ内側の帯状の森)のあたりを、何本かの等高線が縁取る急な斜面(段丘崖)が取り巻いていることや、急斜面と急斜面の間が広い畑地(段丘面)になっていることがわかれば、これらの段丘によって、島が階段状を呈しているのはすぐわかる。

そして下から段丘を一段々々登っていけば、さぞ面白いであろうことは、ここでも容易に想像がつく。

北東わずか二〇キロのところにある上地島や黒島が、どちらも薄い板を一枚海に浮かべたような、何とも平坦な島にすぎないのに、この違いはいったい?と思いながらも、ともかくこの島でも段丘を一段ずつ登って、最上位の集落まで行

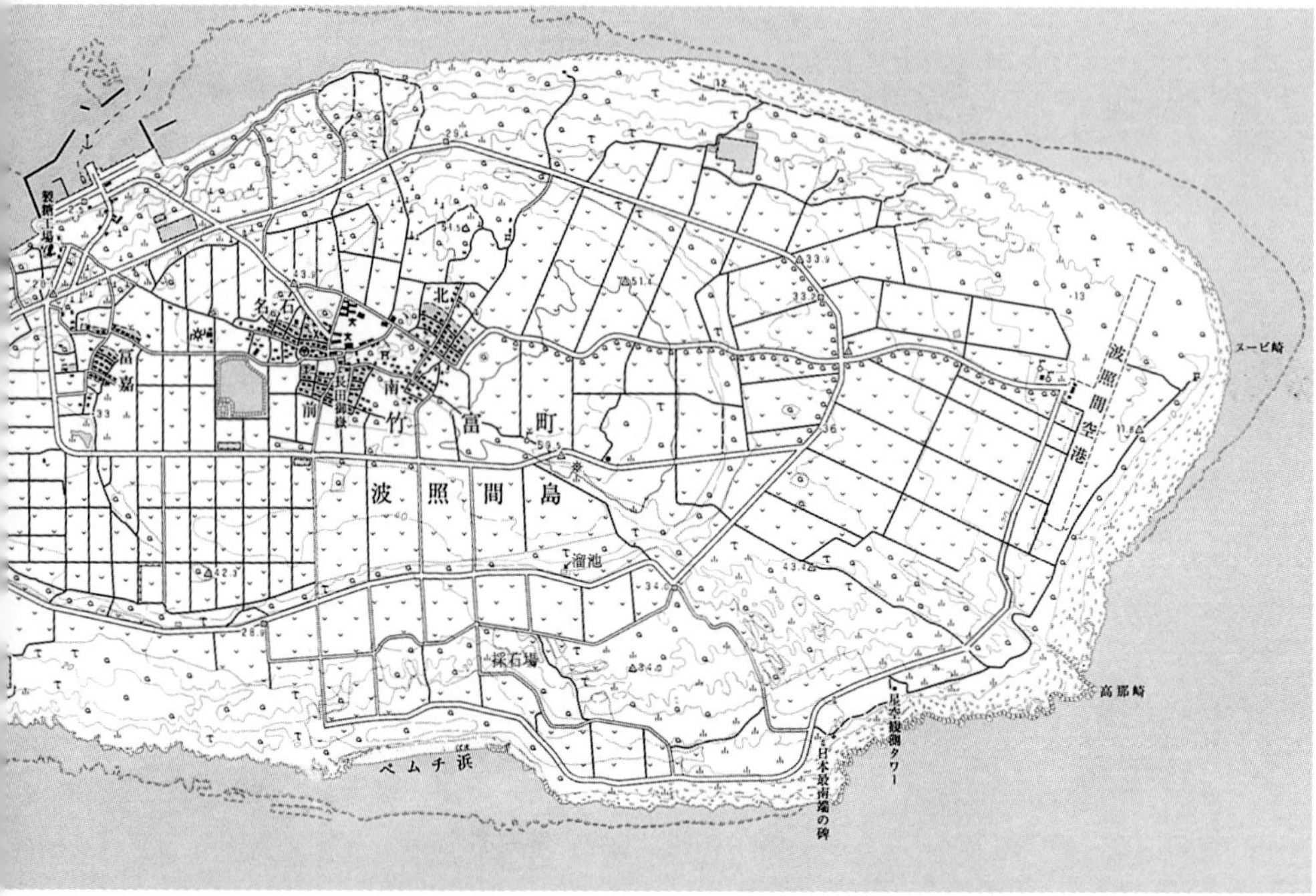

1：25,000地形図「波照間島」×0.65

こう、と思った。

島の東端にある波照間空港は、一〇メートル等高線の束よりも内陸側、ということはつまり、下から二番目の段丘面の上にある。島の南岸を半周するように付けられた新しい道路が、空港の前から南へ向かって延びていた。

道からは、滑走路の向こう側に低い灌木の繁みを載せてモコモコと波打つ砂丘と、その外側に切れぎれになって覗いている藍い海が望まれる。このあたりの放牧場では、牛たちが道路の歩道まで完全にはみ出して、車道にまで落ちている彼らの落とし物とともに、寝ころんだり休んだりしていた。

牛たちを遠巻きによけながら七〇〇メートルも進むと、さっきまで道のかなたに低く細長く見えているだけだった山稜の高まりが、正面に立ちはだかる高い屏風となって、眼の前に大きく見えてくる。

道はそれにぶつかる手前で左へ急カーブし、その先で今度は右へ曲がって、山稜を切り通しで抜けていく。抜ける手前で左へ分かれる小道を上がっていくと、

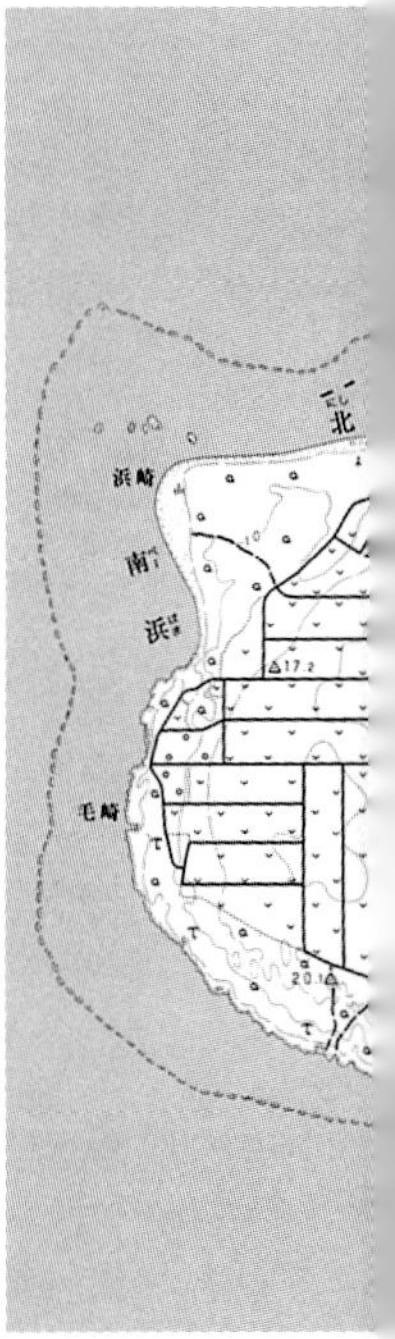

すぐに海岸部の広闊な岩原に出る。そこが高那崎の入口だった。

高那崎は景勝地ということになっているが、ここも例によって、看板もなければ観光客もいない。いるものといえば、岩場の上で遊んでいる数頭のヤギだけ。

しかし、岩場に出た瞬間に北に開けるヌービ崎方面のパノラマ――遠く飛行場の高いアンテナ施設を載せて、クサトベラの緑と多数の岩塊をいちめんにぶちまけたような段丘面と、海のパノラマは眼を見張らせる。と同時にここでは、岬の先端から手前（内陸）のほうへ向かって走っているひと続きの崖――ヌービ崎側が垂直に落ちるような段差を造っている崖が、それ以上は一歩も前へ進ませないぞ、とでもいうように、眼の前を走っているのが眼を引く。

その崖の上部を岬の突端まで行ってみると、そこでは手前の岩場がヌービ崎側に対して一〇〇メートルも海側へ向かって突き出していた。

地図にも描かれているこの崖は、さっき陸側を走っていた山稜の海側への延長で、崖は、このあたりを北西―南東方向に切ってずらしている断層の断層崖なのだ。そしてこれは、海岸部をとりまく新しい段丘を切っているのだから、活断層ということになる。

高那崎は離水サンゴ礁の岩盤でできているのにもかかわらず、海側にサンゴ礁がまったく発達していない。そのためここは波が一気に押し寄せて高いしぶきを上げて砕け散る豪快な海岸となっている。

こういう場所では波が岩を削り、岬（岩の張り出し）を突出させる作用もまた卓越するらしく、平面形が櫛《くし》の歯のように入り組んだたくさんの小さな岬（その上面の平らに削られた部分はサーフベンチという）ができている。どこでも見られるものではないだけに、それが面白い。

サンゴ礁は通常、外洋に面する縁の部分（干瀬の岩盤の高まりの外側の部分）に縁溝《えんこう》―縁脚系《えんきゃくけい》と呼ばれる櫛の歯状の消波構造を造るが、それをまるで陸上で見ているかのようだ。

断層の崖をヌービ崎側へそろそろと降りて、岩の張り出しの先端まで行ってみると、崖は破砕《はさい》部分をきれいに溝状に削られながらもほぼ垂直にそそり立ち、断層崖のシャープさを明るい海のなかで一層印象づけていた。

岬をあとにして西へ続く海岸を歩いていくと、途中にもところどころ、断層と思われる亀裂《きれつ》が海側の岩盤原上にできていて、それが足を止めさせる。

この海岸には、星空観測タワーや日本最南端の碑などのいくつかのポイントがあるが、秋のせいか、そのあたりもただ海風が吹きぬけるばかり。

最南端の碑にはめ込んである日の丸が、一部破損し、磨滅《まめつ》しながら、たった一人の来訪者を待っていた。

碑の西からふたたび海岸道路へ出、海ぎわに張り出す岩場と逆光に輝く海を眺めながら西へ歩く。碑のあるところは海岸線から二五〇メートルも北へズレているのだから、本当はこのあたりが最南端なのだ。

その岩場が西へ尽きるあたりで道をはずして、丘の緑、砂の白、ラグーンの露草色の三色を重ねて拡がるペムチ浜を岩場の上から眺めたあと、いよいよ内陸へ向かって段丘崖を登る。このあたりでは、高那崎やヌービ崎に相当するいちばん下の段丘がなくて、ペムチ浜の背後のセンダングサの咲き乱れる草地のところが、一段目の段丘となっている。

一段目を過ぎて、二段目の段丘にさしかかるところの右手に石灰岩の採石場があって、一台のショベルカーが忙しく作業をしていた。ここではしばし足を止めて、その「生態」を観察するのが面白かった。

ここではちょうど、段丘崖のところが採石場の崖になっている。そこに、滑り台のような形の長い傾斜した台が架けられているのだが、見ていると、ダンプカーが崖の上で荷台をかしげて、どこから運んできた岩屑をその台の上に次々と降らせていくのである。

でも、なぜそんなことをするのだろう

か？

二段目の段丘面はいちめんのサトウキビ畑で、ギンネムのヤブに囲まれた急坂を登ると、そのつきあたりにもう次の段丘の段丘崖が見えていた。

キビ畑が尽きたところからは、段丘崖を登らずに農道を東へ歩く。二頭のアゲハ蝶が、長いこと頭上をヒラヒラ飛んでいたが、やがてどこかへ消え去った。

牛と断層崖と燈台

道の左手にある小さな溜池のほとりで、集まっている牛たちと白い鳥（おそらくアマサギ）を眺めたあと、さらに先へ。三四メートル水準点の手前の、実線の道が山側へ分かれるところまで来たら、今度はそれを左へ。
じつはこの実線の道に沿って、さっきの高那崎断層を（ほぼ）北西へ延長した崖――今歩いてきた二段目の段丘と、さらに上の三段目の段丘を切る断層が走っているのだ。そしてその裏手に、島唯一の灯台が建っているのである。
それは坂の途中に大きなガジュマルの樹のある、日陰に富んだ涼しい道で、森《しん》閑《かん》とした趣があった。そしてその坂を上がるとすぐ、牛たちを載せる最上位の段丘面と、右手は断層崖を覆う森の高まり。その高まりの上に灯台の白い頭が、もう見えていた。
灯台のすぐ西には三角点がある。それがどこにあるのか、と思いながら歩いていったら、それはサンゴ岩を野積みにした、畑のなかの小さなヤグラだった。

断層で刻まれる国境の島

立神石～東崎（与那国島）

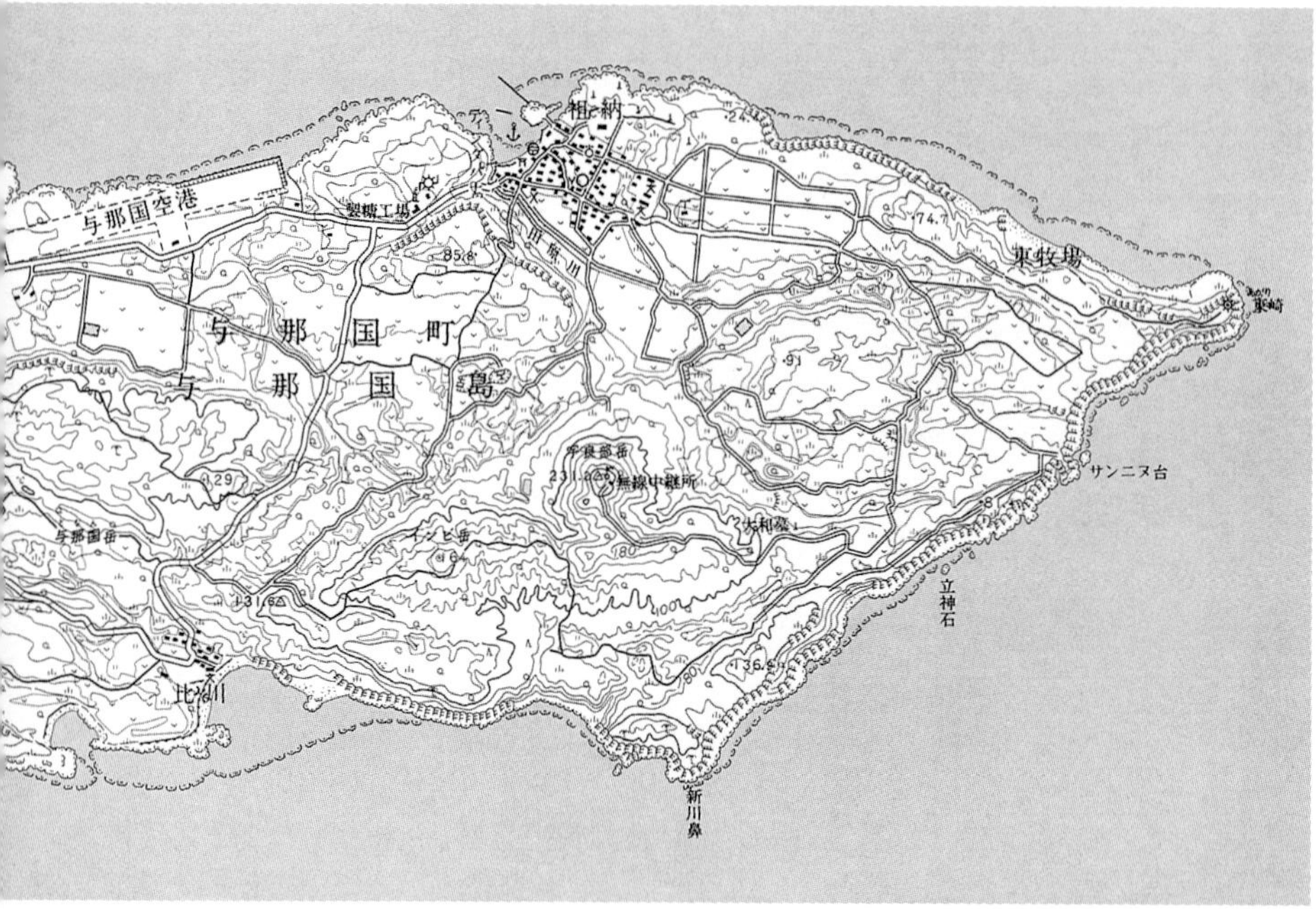

1：50,000地形図「与那国島」×0.8

与那国島は「日本最西端の島」というふれ込みにも増して、奇妙な島である。中央に高い山があって、そのまわりを台地が取り巻いているような場合には、その高さは海のほうへ向かってだんだん低くなるのが普通なのに、この島では多くの場所がそうなっていない。

久部良岳の裾（北と南）の部分は、水田があることからもわかるように、細長い低地または凹地になっていて、海側の北牧場や南牧場より明らかに低い。また南牧場とその北の台地にはさまれた廊下のような低地は、湿地帯となって海とつながっている。

一方、宇良部岳の東側の低地（ここも米を作っている）は実際には三〇～五〇メートルの標高を持っているが、ここも周囲の丘と較べると極端に凹んでいる上、途中の段差の部分を見なければ、祖納側の海岸の低地とほとんど繋がっているように見える。

そして島のこちら側でもやはり、海岸部の台地のほうが内陸側の低地より高いのだ。これは普通とは思えない。

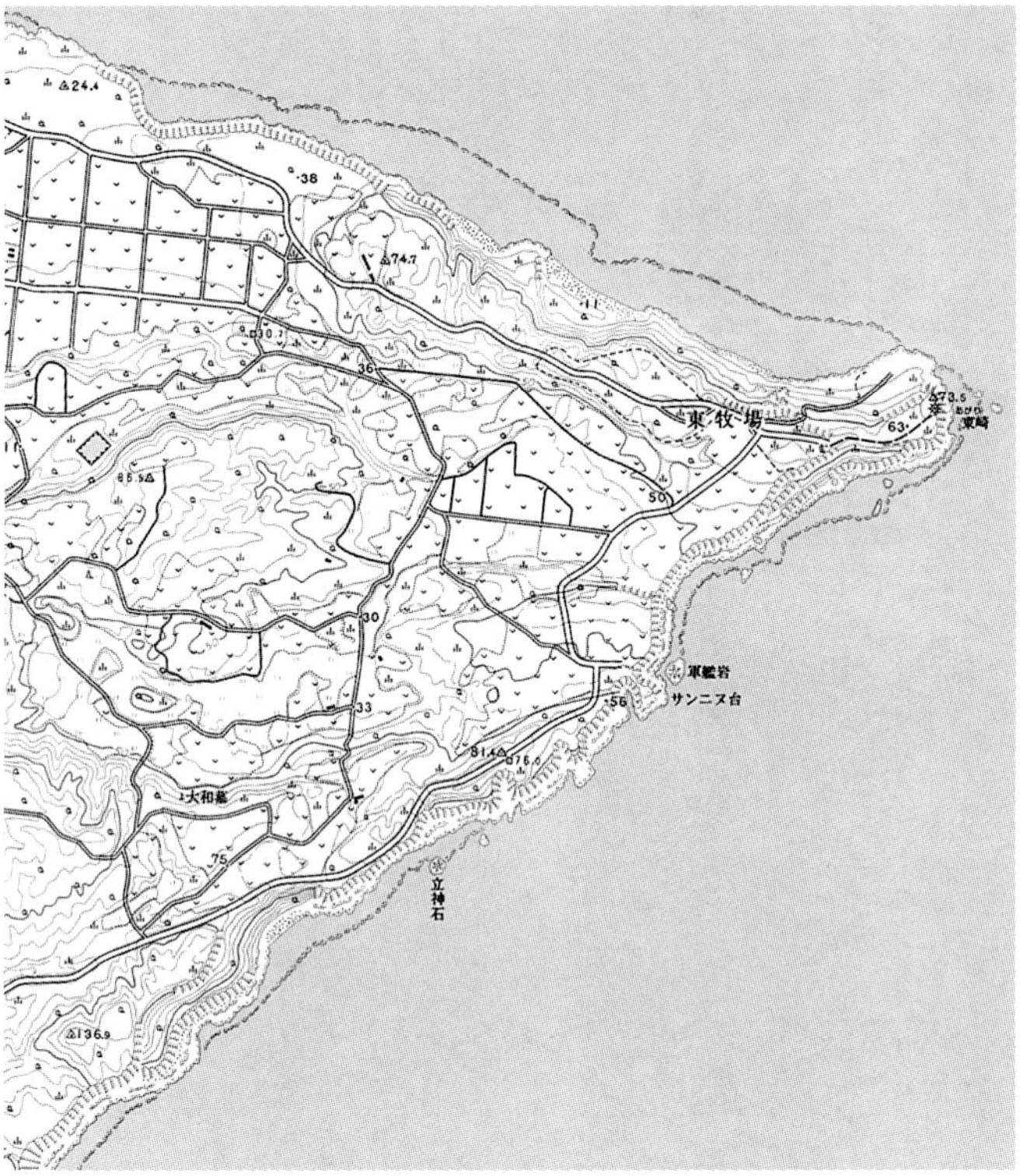

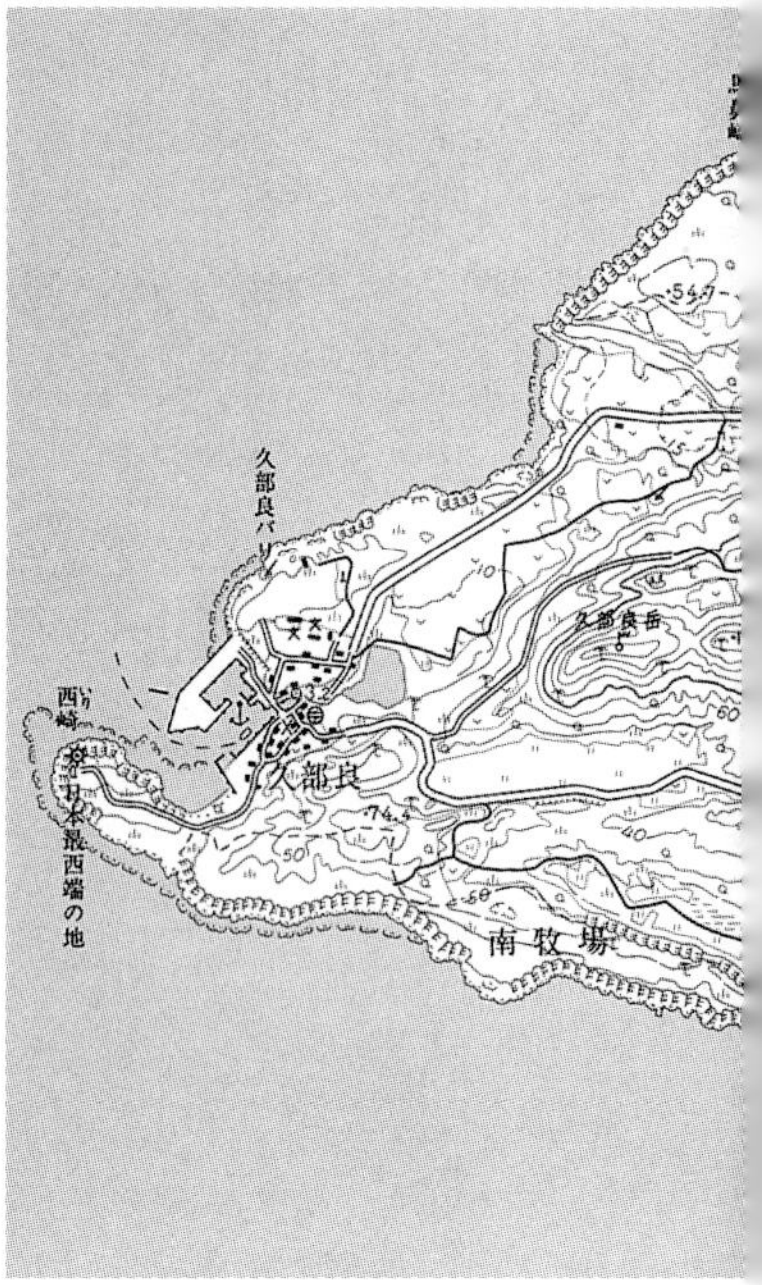

1：25,000地形図「与那国島」×0.65

なぜこんな事になっているのかというと、それはこの島では山という山、丘という丘が、格子状またはある程度決まった方向に走る断層群でブツ切りにされていて、ブツ切りにされた地塊の多くが屋根の面のように傾いてしまっているからなのである。

したがってこの島では、島のどこにいても断層で刻まれた面白い格好の山または丘が必ずどこかに見え、内陸では、そそり立つ断層崖で彫刻された山と丘と野、そしてちょっと見晴らしのいいところに上がれば、今度は台地や海崖やめくるめく海のパノラマが待っている、という算段になる。

島の南岸を最東端の岬——東崎へ向かって続く道は、そうした算段を裏切らない楽しい道。付近には、見どころも多い。

道の左手には、少量の灌木といちめんに明るい牧草地を載せて拡がる与那国島東部の台地面。その台地面のかなたに、島の東北端をかぎる断層の断層崖の帯状の森が見えている。そしてその台地の先には、これから向かう東崎の灯台が、小

宇良部岳を望む

さく小さく載っている。山側には、裾に階段状の斜面を拡げてスックと立つ宇良部岳も、印象的に見える。

海側を見下ろせば、今度は七〇メートルの高さで一気になだれ落ちる断崖と、マリンブルーの海。そして崖下には、海面から太い柱となってそそり立つ頓岩（立神岩）が眼の下にある。

このあたりの海岸は立神岩も断崖も、きめの細かい横縞の地層を水平に重ねた岩からできている。西表島の山地を造っているのと似たたぐいの砂岩なのだろう。

道は海岸線に沿って細く長く延びる小規模な丘（八一・四メートル丘。これも断層で分割された地塊の一つ）に登ったところから、北方に拡がる台地をさっきよりさらに広闊に見せたあと、サンニヌ台の入口へと下っていく。

サンニヌ台は、断崖の一部が珍しく海へ向かって平らな面を拡げたところとなっている。その前面はもちろん海だが、ここでは海面にごく近いところまで降りていけるのと、地層や岩石を近くから観ることができるのが面白い。

道端に咲いているグンバイヒルガオの明るい色彩をも楽しみながら坂を下っていくと、節理の入った岩盤を見渡すかぎり拡げて海ぎわまで降りていっている階段状の岩棚（テラス）と、さっきと同じく層理の横縞をあらわにしながらテラスの両側にそそり立っている断崖部分の対比が印象的だ。

もっとも、このテラスの部分も薄く剥がれやすい岩石でできているのだから、両者は本来同じ岩のはずなのだが…。

承知の通りここは、一九八六年に与那国海底遺跡が見つかった場所からほど近い場所にある（遺跡は新川鼻の沖、一〇〇メートルのところにあるから、正確には北東約三キロ）。

またさっきの立神岩には昔、海鳥の卵を採りにこの岩に登った若者が、降りることができなくなって神に祈ったら、無事サンニヌ台にたどり着くことができた。それで人々は、この岩を神岩としてあがめた、という故事がある。

そんなことなどをも思い出しながらこのテラスを眺めていると、ひょっとする

東牧場にて。海と草山と牛

ところはまったくの自然地形ではなく、半人工的遺構なのではないか、という気もしてくるのだが…。

斜面の上のほうには断層露頭《ろとう》らしい崖──まん中の部分を境にして、両側の地層の積み重なり方がくい違って見えている崖がある。それを見ながら台地へ戻ると、そこから先は馬たちの群れ遊ぶ広闊な野。その野を載せているのもまた一つの地塊で、それを北へ越えると、道は今度は東崎の基部へ向かって高くなっていく丘を正面に見ながら、それをゆっくり登っていく。

この丘も放牧場（東牧場）で、牧場が尽きたあとも道は、アダンやソテツが点綴《てんてい》する中を岬まで続く。岬の上はいちめんの明るい芝地。ここは六〇メートルを越す崖の上で、風が強く、塩分の影響もあるので、芝生（シバ草）ぐらいしか育たないのだ。

このあたりでは琉球石灰岩が、かなりの高さで岬の上を覆っている。北の海岸（崖下の磯）へ下りていく道の途中から、その巨大な岩の一つに登って下の海を見下ろすと、崖裾を取り巻くリーフの浅瀬がほとんど透明な水の薄膜を通して委細《いさい》な岩の模様を拡げていた。礁の発達があまりよくない与那国島では、眼の洗われるような風景だ。

潮風の嫌いなソテツたちも、このあたりではみな崖の側部に避難していた。

岬の先端は、灯台が一つポツンとあるだけの、昼寝でもしたくなるような広い芝生の高台だった。その先は果てしない海と空。ただ一つ、右手のほうに西表島が大きく、そして意外に低く見えるだけ。

直下の海には、マナ板のような形の岩が四つ五つ浮かんで、ふたたび美しい岩盤節理をあらわにしながら波と楽しく遊んでいた。

東牧場は岬の基部から西のほうへも細長く延びている。こちらは海の見える牧場で、牛や馬がそれまでにも増してたくさんいて楽しい。もちろん地形も面白いので飽きることがない。

途中、海側に大きな草山があって、二頭の牛が、そのてっぺんで遊んでいた。こんな一等地をひとり占め、いや二頭占めにするとは贅沢なヤツらだ。

　このあたりはさっき南方から見た時に、島の北東部をかぎって続いていた断層の断層崖の、帯状の森の上面部分に当たっている。したがって左手には、鍋底のように大きく凹んだ島の中央低地がよく見渡せた。そしてその向こうには、宇良部岳から東へ続く断層の断層崖が見渡され、その先には、今朝がた望んだり登ったりした南岸の偏平な二つの地塊が仲良く並んで見えていた。

サンニヌ台北方の放牧場の北を限る断層崖

立神岩～東崎（与那国島）

立神岩を見おろす

サンニヌ台の広闊なテラス

断層露頭

サンニヌ台西方の地塊上から東崎を望む

東崎

波とたわむれる岩盤。岬の突端にて

東牧場にて

東牧場付近から中央低地と二つの地塊

伊原間海岸（石垣島）

牧場路から明石北方の山地を望む

牛とガジュマルとはんな岳

はんな岳南端の円錐丘 ▶

トムル崎にて

トロロ昆布の岩

馬と夏雲

西屋敷～北岬（竹富島）

水牛車のある風景

伝統的建造物群の家並み

西塘御嶽

赤山丘

ハネセンナ

西港の海岸から屋良部岳半島を望む

大岳～アカヤ崎（小浜島）

大岳から北望。加屋真島と石垣島

◀ 格子状節理と玉ネギ状節理

ハイビスカスと白砂と赤瓦（西屋敷）

竹富島北岬から石垣島

牛と細崎

大岳から細崎

ロールベールと孤立丘

アースハンモック

南風見田海岸（西表島）

小浜島アカヤ崎から西表島

巨大なタマネギ状節理

知恩院の敷石

巨礫の海岸

高那崎からヌービ崎方面を望む

タマネギ状節理群から南風見田の浜を望む

リーフの岩盤海岸。遠くに巨大転石

転石近影。左下の小岩に帽子

西表島南岸の山地を見上げる。ヤブの底に滝

高那崎～南（波照間島）

高那崎のサーフベンチのある岬

日本最南端の碑

高那崎の断層崖

三角点と灯台

岩原とヤギの群れ（高那崎）

三四メートル水準点付近にて。
二段目の段丘面から三段目の段丘崖を見る

あとがき

旅の楽しみ方にはいろいろなスタイルがあるが、「景観散歩」を題材にした旅の紀行書というのは、あまりつくられていないようである。

とくに沖縄では、離水サンゴ礁または隆起サンゴ礁が、景観の重要な構成要素となっているのにもかかわらず、それが島のそれぞれの場所でどんなふうに見え、どんなふうに味わい深いのかが、「味わい」の対象として描写されることはほとんどないといってよかった。おそらく本を書く側が、そしてたぶんそれを受けとる側も、そういう「心」を持たなかった、ということであろう（サンゴ礁というのは、きれいなお魚がいっぱいいる造礁サンゴの群れを指すのではない――サンゴは虫メガネで見ないとよくわからないくらい小さな動物だが、サンゴ礁というと、それは「いしへん」で書くことからもわかるように、サンゴや造礁生物の遺骸が積み重なってできた石灰岩の岩体を指す。したがって陸にあがったサンゴ礁も、立派なサンゴ礁なのだ）。

本文中にも記したが、琉球石灰岩を何の変哲もないタダの岩としたり、自然といったって、実際に視野に入ってくるのは生き物ばかり、という風潮からは、景観散歩の旅は生まれ得ない。しかしそれは、ごく一部の限られた人にしか味わえない、というものでは決してない――風景を味わう能力など、誰だって大なり小なり持っているはずのものである上、道行きの、あるいは人知れずある岩や草に、まったく味わいがないわけでもない。いやそれどころか、そういう場所に眼を向け、ありとあらゆる景物や味わいに心を開きながら歩くことで、これまでとはまったく違った旅の世界が開けてくるのである。

島の成り立ちや風景の成り立ちを科学的に研究する学問に、自然地理学とか地形学（より広くは地質学や生態学なども含む）という学問がある。これらは旅や景観散歩とは一応は別のものだが、風景の見方や、それを味わうことの面白さをいろいろと教えてくれるし、それを多少とも知っているのとまったく知らないのとでは、旅の味わいそのものにも質的な違いが生じる。

そこでこの本では、この分野の成果を（あまり深入りしない範囲で）取り上げることにした。ただし、この本はあくまで景観散歩（主として自然景観）を題材にした旅の本であって、科学そのものの啓蒙書ではないので、はじめにまず科学の成果ありき、という書き方をした場合でも、その記述に終始するのではなく、景観散歩に心をつくることのできる人が島のそれぞれの場所を歩いたときに、どこに何があって、それがどういうふうに眼に映るか、ということを中心に書いたつもりである。

また専門用語を使う際には（筆者は通常、あまりにも難解なもの以外は専門用語を使うことをいとわない方針にしている）、初出の箇所にカッコ書きで平易な説明をつけるか、でなければ、少なくとも話のスジを追いかけるのに支障のないような使い方をするよう心掛けた。

いずれにせよ、一般にはとかく疎外されやすい地形や地質も、景観散歩の味わいとして見るならばきわめて味わい深いものだ、ということがいくらかでも表現できていれば、また若い人や旅好きの人たちがいささかでも興味を持ってくれることの一助となれば、それも幸いなことである。

なお本書の内容（本文）は二〇〇一年七月ごろまでに書いたものである。したがって、その後筆者が知り得た細かい知見や事象については本文には反映されていない。また筆者は多少ともプロの旅行家を名乗っている人間であって、普通の旅行者ではないので、読者に旅について考えていただくための示唆的な表現や記述を（筆者なりの価値観で）入れてある箇所もある。中には人によって、多少気になる記述があるかもしれないが、これはこの本で筆者が言いたいことをできるだけ率直かつ明確に読者に伝えるためのもので、他意はない。その点を合わせて記しておきたい。

執筆にあたっては『熱い自然』（古今書院）、『カルスト』（大明堂）、『沖縄の自然』（ひるぎ社）、『琉球弧の地質誌』（沖縄タイムス社）、『沖縄の島じまをめぐって』（築地書館）、『角川日本地名大辞典』（角川書店）その他の文献や辞典等を参照した。またいくつかの場所の地形や地質については、東京都立大学理学部の堀　信行教授に種々教えていただいた。ボーダーインク社の宮城　正勝社長と平良　美十利さんにはとくに、この本の執筆意図や上記のような筆者の諸々の主張についても手厚い配慮や深いご理解を賜り、面倒な本づくりでたいへんお世話になった。これらの方々に心からお礼を申しあげたい。

ガイドブックや団体旅行に安易に振り回されることから卒業して、自分なりの手づくりの旅を創っていただくきっかけにこの本がなれば、筆者にとってこれに過ぎる喜びはない。

二〇〇二年　春　　　著者

大木隆志（おおき　たかし）
1962年栃木県宇都宮市生まれ。
1988年北海道大学大学院工学研究科修士課程修了。自然地理や自然景観、人文景観をテーマとした旅や雑学に興味を持ち、この本に書いたような旅を「景観散歩」と称して、学生時代から20年以上もガイドブックを使わない旅をしている。著書に『北海道 湖沼と湿原 水辺の散歩道』（北海道新聞社）、『日本の地形レッドデータブック第２集―保存すべき地形』（古今書院・分担）

海と島の景観散歩　沖縄地図紀行

2002年6月30日　発行

著　者　大木隆志
発行者　宮城正勝
発行所　ボーダーインク
〒902-0076沖縄県那覇市与儀226－3
TEL 098(835)2777
FAX 098(835)2840
印刷所　でいご印刷

ISBN4-89982-027-5